A sabedoria dos monges
na arte de liderar pessoas

Dados Internacionais de Catalogação na Publicação (CIP)
(Câmara Brasileira do Livro, SP, Brasil)

Grün, Anselm
  A sabedoria dos monges na arte de liderar pessoas / Anselm Grün; tradução de Márcia Neumann. 5. ed. – Petrópolis, RJ : Vozes, 2013.

2ª reimpressão, 2020.

ISBN 978-85-326-3299-9
Título original: Menschen führen – Leben wecken. Bibliografia.

1. Bento, Santo, ca.480-ca.547 2. Liderança I. Título.

06-0236   CDD-158.4

Índices para catálogo sistemático:
1. Liderança: Psicologia aplicada   158.4

Anselm Grün

A sabedoria dos monges na arte de liderar pessoas

Tradução de Márcia Neumann

© by Vier-Türme GmbH, Verlag, D-97359 Münsterschwarzach Abtei
Título do original em alemão: Menschen führen – Leben wecken

Direitos de publicação em língua portuguesa:
2005, Editora Vozes Ltda.
Rua Frei Luís, 100
25689-900 Petrópolis, RJ
www.vozes.com.br
Brasil

As citações dos textos da Regra de São Bento foram tiradas do livro *A Regra de São Bento*, traduzido por Dom João Evangelista Enout, O.S.B., Rio de Janeiro: Lumen Christi, 3ª ed., 1992.

Todos os direitos reservados. Nenhuma parte desta obra poderá ser reproduzida ou transmitida por qualquer forma e/ou quaisquer meios (eletrônico ou mecânico, incluindo fotocópia e gravação) ou arquivada em qualquer sistema ou banco de dados sem permissão escrita da editora.

CONSELHO EDITORIAL

Diretor
Gilberto Gonçalves Garcia

Editores
Aline dos Santos Carneiro
Edrian Josué Pasini
Marilac Loraine Oleniki
Welder Lancieri Marchini

Conselheiros
Francisco Morás
Ludovico Garmus
Teobaldo Heidemann
Volney J. Berkenbrock

Secretário executivo
João Batista Kreuch

Diagramação: Anthares Composição
Capa: Lilian Queiroz e Tânia Maria dos Santos

ISBN 978-85-326-3299-9 (Brasil)
ISBN 3-87868-132-1 (Alemanha)

Editado conforme o novo acordo ortográfico.

Este livro foi composto e impresso pela Editora Vozes Ltda.

Sumário

Introdução, 7

1. As características do líder, *15*

2. A arte de liderar – O modelo de Bento, *39*

3. A liderança como serviço, *55*

4. De como lidar com as coisas, *79*

5. A convivência com as pessoas, *93*

6. O cuidado consigo mesmo, *131*

7. O objetivo da liderança – A cultura organizacional espiritual, *141*

Epílogo, 153

Referências, 157

Introdução

Hoje em dia são oferecidos seminários sobre liderança em todos os lugares. Todas as empresas dão valor ao treinamento de funcionários que ocupam funções de liderança, para que eles compreendam como exercê-la de maneira efetiva. Entretanto, muitos destes seminários tratam mais dos métodos do que dos princípios da liderança. Se buscarmos por modelos de liderança na Regra de São Bento encontraremos um outro tipo de abordagem. Trata-se acima de tudo da questão de como deve ser constituída a personalidade de alguém que tem a tarefa de liderar, de como este alguém tem de trabalhar em si mesmo, para afinal poder liderar. Para Bento, o mais importante é a liderança através da personalidade. Só depois vêm as indicações concretas de como se deve liderar. Na maioria dos seminários sobre liderança trata-se do treinamento da capacidade de liderar, da colocação de metas claras, do emprego objetivo de funcionários e recursos, da compreensão rápida das relações complexas e da tomada de decisões corretas (cf. KÜNG: 349). Bento descreve antes de tudo a postura e o caráter daquele que é responsável pela administração econômica de um mosteiro. E ele nunca perde de vista o objetivo da liderança. Porém, este objetivo não é visto na maximização do lucro, mas sim na relação cuidadosa com a natureza e com as pessoas. Para Bento, o objetivo da liderança consiste em edificar a casa de Deus, nossa casa comum por meio do trabalho conjunto; uma casa na qual brilhe a glória de Deus, uma casa na qual as pessoas possam conviver umas com as outras em paz e alegria e desta forma dar seu testemunho da proximidade de Deus, que a todos cura e ama. À primeira vista, este ideal parece estar distante da realidade. Porém, um olhar mais aprofundado mostra que adquiriu particularmente em nossos dias uma nova atualidade. Muitas empresas reconheceram que não é suficiente apenas diminuir os custos e controlar o cumprimento dos horários de trabalho. É crucial que uma empresa veja além do limitado horizonte da maximização dos lucros e que identifique o sentido de sua administração.

Ao lado dos muitos livros e seminários sobre liderança, surgiu, nos últimos anos, um outro tema em primeiro plano: o tema da ética empresarial. Os responsáveis pela administração reconhecem cada vez mais que sem princípios éticos não é possível dirigir uma empresa. Princípios éticos são algo diferente de apelos ou exigências morais, que com frequência já não têm mais nada a ver com a realidade da administração. O que é dito pela Igreja sobre o tema da ética empresarial tem muitas vezes este tom moralizante. Por este motivo, pouco ajuda a ir adiante.

A "Mesa-Redonda de Caux", criada por Frederik Philips e Olivier Giscard d' Estaing, esclarece "a necessidade de valores morais no processo de tomada de decisões administrativas... Sem eles seriam impossíveis as relações comerciais estáveis e uma comunidade mundial capaz de sobreviver" (KÜNG: 336). Os preceitos de Bento não moralizam. Eles colocam princípios segundo os quais o abade, superior de uma comunidade monástica, ou o celeireiro, administrador econômico de um mosteiro, devem orientar-se para cumprir suas tarefas. Mostram os caminhos de como liderar pessoas de maneira a satisfazer suas necessidades e as exigências da natureza de forma justa e, ao mesmo tempo, trabalhar administrativamente e assegurar o sustento de muitas pessoas.

Como eu mesmo sou celeireiro do Mosteiro de Münsterschwarzach há mais de 20 anos, não tratarei aqui de todas as prescrições da Regra de Bento sobre o tema da liderança, mas sim do capítulo que se limita ao celeireiro. Este capítulo é lido em nosso mosteiro três vezes por ano durante o jantar. A cada uma delas examino minha consciência para saber se estou à altura de satisfazer as exigências de Bento. Ao escrever agora sobre isto, sei também que minhas ações nem sempre corresponderam às minhas próprias palavras. Eu conheço a tentação de deixar as coisas correr e de recusar a liderança. E também conheço em mim a ânsia de decidir rapidamente para evitar os caminhos, muitas vezes penosos, que levam a uma decisão. Apesar disto, atrevo-me a escrever sobre a liderança segundo os preceitos de Bento, não porque eu o saiba fazer muito bem, mas porque quero confrontar-me com o desafio que o capítulo sobre o celeireiro representa para mim. As palavras de Bento me levam sempre a envolver-me mais uma vez com a questão algumas vezes árdua, mas também prazerosa, da liderança. Quanto mais eu me ocupo das tarefas concretas de um celeireiro, mais eu sinto como as palavras de Bento estão próximas da realidade. Como complemento do capítulo sobre o celeireiro gostaria de enfocar o capítulo sobre o abade, pois nele também são formulados princípios semelhantes. Porém, ao discorrer sobre estes trechos, extraídos dos capítulos sobre o celeireiro e sobre o abade, não desejo relacioná-los apenas à liderança em comunidades monacais ou em paróquias e grupos de igreja, mas também em muitas empresas com as quais trabalho. Em conversas com executivos e diretores de bancos descobri que os pensamentos da Regra não se distanciam da realidade do mundo, mas que podem inspirar-nos a buscar novas formas de liderança nos dias atuais. Em palestras, alguns ouvintes me disseram que poderiam utilizar estes pensamentos também em seu dia a dia, muito embora não ocupem nenhuma posição de liderança em suas empresas. Todo aquele que lida com pessoas é ao mesmo tempo "líder" e "liderado". Os pais, que educam seus filhos, têm uma tarefa de liderança. Em todo grupo existem membros que lideram, muito embora os papéis deles possam variar muito. Um dos membros lidera quando se trata de questões financeiras. Um outro assume a liderança quando se trata de organizar uma festa e decorar o ambiente. Como lidamos uns com os outros quando assumimos o papel da liderança? Como se dá a convivência com o outro na família, na paróquia, na comunidade política, nas empresas e na sociedade? Como lideramos, como nos deixamos liderar, como reagimos às pessoas que estão em posição de liderança? Nós somos responsáveis pela maneira como nos deixamos liderar. Não depende apenas do líder, mas sempre também do liderado: que espécie de liderança ele aceitará. Por isso, este livro não é apenas uma inspiração para pessoas que lideram, mas também para aquelas que são lideradas. De que maneira eu lido com minha tarefa de liderança e com o fato de ser liderado? Até que ponto eu posso transformar o estilo de liderança dos líderes por meio de minha reação ao fato de ser liderado?

Se examinarmos os modelos de liderança que são hoje muitas vezes propagados, verificaremos que na maioria das vezes eles partem do padrão utilizado em uma empresa mecanicista, que é quase estruturado à semelhança de uma máquina, que desenvolve modelos de planejamentos exatos, planos organizacionais e critérios para a avaliação de resultados. Porém, estas empresas são com frequência desprovidas de sentimentos. Sua liderança limita-se na maioria das vezes e, na medida do possível, a reduzir muitos postos de trabalho, enxugar a administração, reduzir os períodos de ausência ao trabalho e a transferir a produção para o exterior, porque lá existe mão de obra mais barata. No entanto, este modelo de liderança, que parte do princípio "de que apenas a redução das atividades da empresa e a demissão em massa a ela associada podem conduzir a maiores possibilidades de lucro e com isto a uma alta das ações" (KÜNG: 343), é marcado pela falta de criatividade e por falta de sentimentos. Não dá gosto trabalhar em empresas desse tipo. Em comparação a essas empresas, existem outros modelos que se baseiam na Teoria do Caos. "Se controle e poder são as características centrais de empresas mecanicistas, diversão e espontaneidade são a marca de empresas caóticas" (SECRETAN: 57). O protótipo de uma empresa deste tipo é a Microsoft. Um dos diretores pensa de seus funcionários: "Nós podemos retê-los, porque em nossa empresa eles exercem uma atividade promissora e não porque precisem de dinheiro" (p. 57). Bento tem um outro modelo. Ele fala da Casa de Deus, que deve ser um convento. Com isto ele não quer dizer apenas que os monges devem ir sempre à igreja, para orar, mas que também esta casa de Deus será construída por meio do trabalho. É interessante que um consultor de empresas dos Estados Unidos utilize atualmente o termo "santuário" para referir-se a empresas. Com isto ele não entende um local, mas um modo de pensar. Um santuário quer dizer uma comunidade de pessoas, que mobilizam seus recursos espirituais, que colocam questões relevantes, que amam umas às outras, que confiam, respeitam e falam uma linguagem comum. "Um santuário é um recinto sagrado, um lugar no qual nós prestamos reverência a todas as pessoas e às coisas que lá se encontram, um local no qual nós vivemos em harmonia e com dignidade e alimentamos a alma" (SECRETAN: 340). E um "santuário" é um lugar de contentamento, inspiração e amor, um local onde cada um pode revelar-se pessoalmente, um local onde nossa alma é tocada e cria asas. Quando Bento fala da casa de Deus, ele pensa também em uma comunidade de irmãos e irmãs que respeitam uns aos outros, na qual cada um pode florescer, porque cada um possui uma dignidade intocável. Que isto não é alheio à realidade terrena, mas que se refere a uma maneira efetiva de liderar, que também pode levar a bons resultados, mostram hoje os novos modelos de liderança, que são praticados principalmente nos Estados Unidos. Para mim é interessante que o modelo beneditino de liderança, criado há quase 1.500 anos, tenha se tornado hoje em dia absolutamente moderno e seja capaz de responder a importantes questões de nosso tempo.

1
As características do líder

O capítulo sobre o celeireiro começa com as palavras:

> Seja escolhido para Celeireiro do mosteiro, dentre os membros da comunidade, um irmão sábio, maduro de caráter, sóbrio, que não coma muito, não seja orgulhoso, nem turbulento, nem injuriador, nem tardo, nem pródigo, mas temente a Deus; que seja como um pai para toda a comunidade (RB 31,1s.).

Aqui são nomeadas qualidades importantes do celeireiro. Antes que se fale da arte de liderar, é descrita a personalidade do líder. A postura que Bento exige do celeireiro pressupõe que ele tenha frequentado a escola do autoconhecimento, como os monges de outrora a denominavam. Aquele que quiser liderar deve primeiro poder liderar a si mesmo. Ele tem de saber lidar com seus pensamentos e sentimentos, com suas necessidades e paixões. Evágrio Pôntico, em seu livro *O Tratado Prático*, descreveu de que maneira um monge deve, antes de mais nada, observar-se a si próprio, para reconhecer quais as emoções que o impelem, quais as necessidades que nele afloram e quais as paixões que o determinam. E então é indispensável que o monge examine a fundo seus pensamentos e sentimentos: O que eles querem dizer-lhe? Qual é o problema fundamental que se revela? O que o feriu? O que o impede de pensar claramente? A luta com as paixões, com os 9 *logismoi*, como Evágrio as chama, é a verdadeira tarefa do monge. Aquele que quiser assumir uma tarefa de liderança tem de passar primeiro por este treinamento de si mesmo. Caso contrário misturará constantemente sua tarefa de liderança com suas necessidades não resolvidas. E as suas paixões reprimidas determinarão suas emoções e o impedirão de liderar de forma clara. Se uma pessoa investida em cargo de liderança dominar os instrumentos de organização e controle, mas for pessoalmente instável e descontrolada, poderá por um curto período de tempo até mesmo reduzir os gastos de sua empresa; mas, ao final, acabará por contaminar a empresa com a sua imaturidade e refreará a motivação dos colaboradores. As necessidades e emoções que não foram conscientizadas serão projetadas nos colaboradores. Surgirá uma espécie de "turbilhão de emoções", que atrapalhará o funcionamento da empresa como a areia em uma engrenagem. Aquilo que não for examinado de forma consciente atua como uma sombra destrutiva sobre o ambiente. Basta ler as memórias de Edzard Reuter sobre seu tempo na Daimler-Benz para reconhecer quanta energia é perdida por causa de invejas e rivalidades, por causa de agressões recalcadas e da instabilidade dos líderes. Por este motivo, é correto que Bento dê grande valor ao caráter do líder.

Experiência

A primeira condição, para que o celeireiro exerça a tarefa da gestão administrativa, é que seja sábio. Em latim se diz *sapiens*, sábio, sensato. *Sapiens* deriva de *sapere* (= experimentar, saborear, ter entendimento). Aquele que experimenta as coisas como elas são, que não reflete apenas sobre as coisas, mas que entra em contato com elas; aquele que as apreende com os sentidos, este se tornará sábio. Ele conhece as coisas a partir de seu interior. A sabedoria é diferente da prudência (*prudentia*). A sabedoria sempre tem a ver com a experiência. A palavra "sábio" deriva do verbo saber. Mas também não significa um saber exterior; a partir de sua raiz, esta palavra está muito mais relacionada a *ver*, a aprender com o olhar. Sábio é aquele que vê as coisas como elas são. O celeireiro não precisa, sobretudo, de saber externo, mas sim de sabedoria. Ele precisa estar em contato com a realidade. Ele precisa de tato, senso para o que é certo, para aquilo que existe de fato. Ele precisa de prática consigo mesmo e com as pessoas.

Maturidade humana

O segundo pressuposto diz respeito aos hábitos maduros ou ao caráter maduro (*maturis moribus*). A palavra "maduro" refere-se à fruta que amadureceu e que então pode ser colhida. Apenas a fruta madura é saborosa. A fruta verde tem um paladar amargo ou ácido. A tarefa do celeireiro pressupõe maturidade humana. Somente assim ele pode ser apreciado por aqueles aos quais deve estar à frente. Ele precisa ser amadurecido pela chuva e pelo sol e ter se entregado à vida. Quando ele se coloca sob a chuva e o sol, sob o calor do dia e a escuridão da noite, a semente, que trás dentro de si, transforma-se lentamente. Os critérios para o amadurecimento humano são a paz interior, a serenidade, a integridade, a identidade consigo mesmo. Aquele que está em contato com seu centro não se deixa facilmente levar à insegurança. Já naquele que é imaturo ou não calejado surgem furtivamente comportamentos que não fazem nenhum bem às pessoas. Nas manchetes da imprensa vemos constantemente gestores que, embora ganhem muito dinheiro, permaneceram imaturos. Mesmo nos dias de hoje, é uma expectativa justa dos colaboradores exigir que o gestor tenha maturidade humana. Pois de outra forma não existiria motivação para acatarem suas ordens e se deixarem liderar por ele.

Bento também enumera algumas características de uma pessoa madura. Em primeiro lugar está a sobriedade. *Sobrius* significa não estar embriagado, ter temperança, não se deixar vencer pelos desejos, ser sensato, ponderado. Sóbrio é aquele que vê as coisas como elas são, que não as adultera através da névoa de sua embriaguez. Sóbrio é aquele que é imparcial, que pode avaliar objetivamente, que não se deixa levar pelas emoções. Muitos não veem as coisas como elas são, mas através da lente de suas necessidades reprimidas, de suas emoções, de seus medos e de suas desconfianças. Para Bento, aquele que é imparcial é uma pessoa amadurecida e espiritualizada. A espiritualidade não é uma fuga da realidade, mas a arte de ser imparcial, de ver as coisas assim como Deus as criou. Nós pensamos que isto é fácil. No entanto, nós vivenciamos as coisas da maneira como as vemos. E muitas vezes não as vemos da maneira correta; nós criamos ilusões da realidade. Nós vivemos na ilusão de que podemos utilizar tudo a nosso favor. Nós vivemos na fantasia de que somos os maiores, as pessoas mais importantes que existem. Sendo assim, tudo existe para nos servir. Aquele que caminha pelo mundo tão embriagado por suas ilusões não poderá liderar de verdade. Pelo contrário, ele acabará por corromper aqueles que deveria conduzir. Em muitos dos casos de falências torna-se claro que os líderes estão presos a algum tipo de ilusão; que não avaliaram a realidade com sobriedade.

Edzard Reuter descreveu várias vezes em suas memórias como uma grande indústria como a Daimler-Benz pode ser fortemente prejudicada pelos atritos que surgem a partir da inveja dos colegas que ocupam cargos superiores. Cada um tem as suas próprias preferências e luta por elas. Alega que luta pela causa. No entanto, na realidade trata-se aqui do próprio poder, da vaidade pessoal e do reconhecimento exterior. Se um superior não possuir um caráter amadurecido e não se colocar sobriamente diante das coisas, utilizará sua energia apenas "para sufocar na raiz as coalizões que surgirem contra ele e para isto incentivará incompatibilidades entre os colegas" (REUTER: 153). Assim, nenhuma liderança pode ser bem-sucedida. A energia não serve à causa, mas ao próprio poder. Assim não poderá ser formada uma equipe, mas apenas "um bando de feras soltas e sem domador", como foi descrita por um banqueiro à direção da Daimler-Benz. Em uma empresa deste tipo a maior parte das energias se perde, pois cada um luta pelo seu próprio poder e influência. Para isto, todos os meios são válidos. As pessoas não passam as informações adiante. Deixa-se o outro no escuro e continua-se cozinhando "a própria sopa". Se um líder não encarar os conflitos de maneira objetiva, mas apenas sob o prisma de suas vaidades pessoais, a empresa e até mesmo a sociedade acabarão arcando com os custos. Então milhares de postos de trabalho passam a correr risco, e dentro da empresa surge uma disputa pelas primeiras posições, mas nenhum clima que possa influenciar a sociedade em sentido positivo.

O filósofo Otfried Höffe, nascido em Tübingen, trabalhou em seu livro *Moral como preço da modernidade* os fundamentos de um *ethos* ecológico mundial que condizem com as duas posturas de sabedoria e de sobriedade (ponderação) de Bento. Para Höffe as duas virtudes ecológicas mais importantes são a serenidade e a ponderação. Höffe exige serenidade contra a Hubris da própria superavaliação da ciência e a ponderação contra os excessos da técnica e da racionalidade econômica. A sobriedade que Bento exige de um celeireiro vê as coisas como elas são e lhes dá a dimensão que lhes é condizente. Hoje em dia, liderar descamba com facilidade para o turbilhão dos excessos. Deseja-se continuar crescendo cada vez mais, ganhar cada vez mais dinheiro. Somente um líder que seja sábio e sóbrio poderá resistir à tentação da falta de comedimento e satisfazer-se com a medida que é apropriada para ele e para sua empresa.

Modéstia

O celeireiro não deve comer muito. A palavra latina *edax* (= voraz) é normalmente empregada para animais. Poder lidar com as coisas de uma maneira humana é um sinal do amadurecimento de uma pessoa. Durante o ato de comer torna-se muitas vezes claro que existe um animal em nosso interior. Nós simplesmente devoramos. Aquele que realmente saboreia o alimento nunca comerá muito. Ele se alegrará com a cultura das refeições. Saboreará as boas dádivas de Deus nos alimentos. Aquele que devora a comida não está em contato com aquilo que come. Os psicólogos nos dizem que a maneira como comemos diz muito sobre a nossa relação com o mundo. Quem come vorazmente também "devorará" pessoas e se utilizará delas, e também se aproveitará da natureza. Ele fará uso de tudo somente para si mesmo. Da mesma forma ele será ávido de dinheiro e ambicionará aumentar constantemente suas posses e seu poder. Ele se utilizará de todos os meios apenas para aumentar seu sucesso, em vez de servir às pessoas em sua tarefa de liderança. Ele não se importará com o bem comum, mas apenas com suas próprias necessidades desmedidas. Porém, como ainda pode engolir muita coisa, sem nunca ficar saciado, ele jamais se satisfará. Ele contaminará seus colaboradores com sua insatisfação interna. Ele será cego aos deveres da liderança e à sua responsabilidade para com a sociedade.

O que Bento quer dizer com o perigo da "voracidade" mostra-se hoje em diversas esferas. É assim que *top managers* precisam de quartos em hotéis caros. Eles medem o seu próprio valor pelos custos de suas viagens, pelas suas recepções extravagantes ou pelo modelo de seu automóvel. Reuter, que também teve de viajar muito, coloca em relação aos seus colegas a seguinte questão: "Vale realmente a pena refletir sobre que tipo de estímulo viciante as viagens e os pernoites em hotéis luxuosos parecem ter sobre certas pessoas, sobre como atuam como estimulantes, com todos os sentimentos de volúpia a eles associados, mas também os perigos que podem resultar deles?" Quem não vive sob outros valores sempre sucumbirá a este tipo de perigo. Para Reuter os acontecimentos da natureza são importantes, pois o fazem lembrar "quão insignificante você é diante das maravilhas da Terra..., que sua vida também é finita". Apenas aquele que, como Bento, vê além de si mesmo e procura Deus em tudo, em vez de a si próprio, poderá incorporar a postura que a regra do celeireiro exige. Aquele que gira apenas em torno de si mesmo fará uso de tudo em proveito próprio. A relação de transcendência relativiza nossa obsessão por sucesso e posses. Ela nos mostra que na vida trata-se por fim de Deus e não apenas de sucesso e de desempenho, de lucro e de rendimento.

Humildade

As qualidades que Bento espera de uma personalidade de liderança também poderiam ser chamadas de virtudes. Somente aquele que interiorizou virtudes (em latim: *virtutes* = forças) serve para exercer a liderança. Uma destas virtudes é a humildade. Bento determina que o celeireiro não seja orgulhoso (*non elatus*). *Elatus* é aquele que se eleva acima das pessoas, que se coloca acima delas. Ele tem necessidade de diminuí-las para poder acreditar em seu próprio tamanho. Muitos abusam de seu poder ao diminuírem os outros e colocarem-se acima deles; ao menosprezá-los, para superestimarem a si mesmos. Bento ordena que o celeireiro seja humilde, que ele tenha a coragem de contemplar a sua própria humanidade. Ao falar do abade, Bento diz que ele deve sempre suspeitar de sua própria fragilidade (cf. RB 64,13). A humildade implica aceitar a própria fragilidade e inconstância (*fragilitas*), reconhecer que se é um ser humano, que cai constantemente, cuja estrutura de vida pode desmoronar facilmente. Humildade é a coragem de descer à própria humanidade, à própria sombra. Em vez de engrandecer-se, o humilde deve descer de seu trono e reconhecer que ele foi feito de barro (*humilitas* deriva de *humus*). Somente então ele não se colocará acima dos outros, mas tratará com eles de forma humana, respeitando-os em sua dignidade. O humilde não andará pela empresa de maneira arrogante e de nariz empinado, não fará pouco caso de seus funcionários, mas sim colocar-se-á em seu lugar e os encontrará onde eles estão. Ele os entenderá, e isto significa que estará ao seu lado e os defenderá se tiverem problemas.

O psicólogo americano John R. O'Neill vê na arrogância o maior perigo para os executivos. Ele relata sobre um bem-sucedido negociante de Wall-Street, cujo sucesso o induziu a enterrar seus sentimentos espirituais. O sucesso é a "incubadeira da presunção" e leva as pessoas a reprimirem seus lados sombrios. Por este motivo, diz O'Neil, a mais importante tarefa para uma pessoa em posição de liderança seria evitar a arrogância. Para isto elaborou uma lista de checagem, que pode ser usada "como um sistema de alerta para arrogâncias inesperadas": Quando começamos a nos atribuir capacidades especiais como, por exemplo, a de sermos infalíveis na avaliação dos outros, ou a de que não erramos como todos os seres humanos, já estamos face a face com a sombra. Tão logo afirmemos, de pessoas que têm opiniões diferentes das nossas, que elas seriam intrigantes, intelectualmente pobres, invejosas ou incapazes de compreender o conjunto, já estamos trilhando o caminho para o próprio sofrimento futuro. Se nós, como detentores de uma posição de liderança, começarmos a nos isolar e a tornar cada vez menor o círculo de conselheiros em quem confiamos, começaremos "a matar todos os embaixadores", e isto significa sufocar todas as outras opiniões. Onde há arrogância, há também um ego que quer ser sempre o primeiro violino da orquestra e não teme nenhuma disputa de poder por coisas secundárias como regras sociais, lugares marcados, local de reunião" (NEILL: 119s.). A arrogância faz com que paremos de aprender. O ego se infla cada vez mais. Ele pensa que poderá realizar tudo o que quiser. Na verdade, o ego está sendo dirigido pela sombra reprimida. E quanto mais a sombra for reprimida, mais destrutiva será sua atuação. A humildade que Bento exige de um celeireiro é justamente contemplar a própria sombra. Para O'Neill, a integração da sombra é a condição para um sucesso duradouro: "Para encontrar o caminho do sucesso futuro temos de aceitar todos os dias um pedacinho de nossa sombra... Se o sucesso se mantiver fiel a alguém, é porque ele terá realizado bem esta tarefa" (NEILL: 120).

Serenidade

A próxima qualidade do celeireiro é "não ser turbulento" (= *non turbulentus*). *Turbulentus* significa irrequieto, provocador de intranquilidade, cheio de confusão, confuso. Deriva do latim *turba* (= rumor, desordem, confusão, perturbação, fragor). Descreve uma pessoa que não pode alcançar a tranquilidade porque é constantemente comandada pelo ruído de seus próprios pensamentos; porque é puxada de um lado para o outro pelas diferentes emoções que residem em seu interior. É uma pessoa que não pode pensar claramente, que é interiormente muito perturbada. Nela habitam muitas emoções que a arrastam. Estas emoções ocupam a sua casa interior. E esta pessoa não é senhora de sua própria casa, mas, submete-se aos seus "ocupantes", às suas próprias paixões e emoções. De alguém assim não é possível emanar uma liderança lúcida. Pelo contrário, esta pessoa provocará apenas perturbação. Em tudo que fizer ela envolverá suas emoções. E desta maneira formar-se-á em torno dela um "turbilhão de emoções". Em algumas empresas pode-se sentir como ao redor de um gestor forma-se um pântano de emoções, que torna difícil a todos os colaboradores trabalhar de modo funcional. As pessoas gastam suas energias apenas para atravessar este pântano. Alguns confundem sua intranquilidade com a agitação, com a correria que espalham em torno de si e que exigem de seus funcionários. No entanto, se um gestor leva constantemente seus funcionários à inquietação, ele não os leva adiante. O máximo que consegue com isto é uma intranquilidade, que ao final tudo paralisa. O fato de inquietar seus colaboradores nada mais é do que a expressão de sua perturbação. Como este indivíduo despedaçado em seu interior se agita a si mesmo, perturba também os outros. Em vez de conduzi-los, ele os instiga, os impele à intranquilidade e à ansiedade. Ele pensa que ao espalhar a intranquilidade em torno de si estimulará as pessoas a trabalharem. Mas com esta intranquilidade não é possível trabalhar efetivamente de modo algum. No caso de alguns gestores tem-se a impressão de que eles confundem agitação com liderança, de que precisam autoafirmar-se por meio da inquietação que eles próprios carregam dentro de si e que levam aos outros. No entanto, isto não é liderança, mas sim um tipo de perturbação, que não constrói, antes destrói. Contra este tumulto, Bento determina que o celeireiro tenha paz interior, paz no coração. Apenas aquele que consegue estar consigo mesmo e alcançar a paz em Deus poderá criar em torno de si uma atmosfera de tranquilidade, na qual os colaboradores se sintam bem e se dediquem ao trabalho com prazer. A força não está na inquietação, mas sim na tranquilidade. No entanto, o líder somente encontrará sua paz interior quando não se desviar de sua própria verdade, quando puder susten tar diante de Deus aquilo que lhe aflora na quietude, porque sabe que é totalmente aceito por Deus.

Senso de justiça

A seguir, Bento determina que o celeireiro não seja rude, que não seja injuriador (*non iniuriosus*).

Iniuria não significa apenas a injúria, mas também a violência, a desonra, o dano, o ferimento. Aquele que comanda outras pessoas não pode feri-las. Um princípio importante da psicologia é o de que aquele que não conhece seus próprios traumas estará condenado a ferir os outros ou a si mesmo. Ou também a procurar inconscientemente situações nas quais os traumas da infância se repitam. Cada um de nós sofrerá traumas em sua vida. Porém, os ferimentos também podem ser uma chance de crescermos e de nos tornarmos sensíveis aos outros. Entretanto, aquele que não encara suas próprias chagas magoará constantemente os outros ou ferirá a si mesmo. Bento exige de uma pessoa que toma para si a responsabilidade por outras, que encare seus próprios ferimentos. Ocupar-se com a própria história de vida é por este motivo a condição para liderar corretamente. Pois de outra maneira a história de vida não trabalhada se confundirá com a tarefa real. Muitos pensam que liderar seria, antes de mais nada, exercitar o poder. E não poucos o exercem ferindo ou magoando os outros. Se um superior ofende um funcionário de tal forma que este chore ou emudeça, então esta é para ele a única maneira de sentir seu poder. No entanto, este não é nenhum poder verdadeiro. Pelo contrário, isto é passar adiante as próprias mágoas. Ao magoar o outro não estou despertando nele a vida, mas sim reprimindo-a. Por este motivo, liderar por meio de ofensas é exatamente o contrário de uma liderança efetiva. Porém, é muito comum que um gestor ofenda a seus funcionários. Isto pode acontecer já pela manhã, na ronda pelos escritórios. Em vez de passar por eles simplesmente e de cumprimentar os funcionários, alguns líderes só veem as falhas que se colocam diante de seus olhos. Ou então recorrem às muitas alfinetadas. Hoje em dia nas empresas, particularmente entre homens e mulheres, ocorrem várias ofensas. Alguns gestores pensam que têm de desvalorizar constantemente suas secretárias, de mostrar-lhes quem é que manda. Ao falar da compleição de alguém, provoco-lhe mágoas profundas. Se um coordenador diz à sua secretária que ela é muito gorda, que não é atraente, isto lhe causará uma mágoa profunda. Pois ela não pode defender-se contra isto. Nas empresas acontecem tantas ofensas porque grande número de pessoas magoadas assume tarefas de liderança e repassa suas próprias mágoas adiante. Todavia, as ofensas fazem com que as pessoas adoeçam e elevem o índice de não comparecimento ao trabalho. Aquilo que o líder desejou economizar por meio da organização e do controle é perdido em dobro por meio de um alto índice de faltas ao trabalho.

Não magoar é um dos significados das palavras *non iniuriosus*. O outro significado diz que o celeireiro deve ser justo, que ele seja justo com todos os seus funcionários e com suas necessidades, que ele deve tratar a todos com justiça. A justiça pressupõe que cada colaborador tem direitos que devem ser garantidos. Ele tem direito de ser ele mesmo, à liberdade, à dignidade, à atenção e ao respeito. O líder só pode ser justo quando tiver deixado de lado seus próprios preconceitos. Em primeiro lugar é necessário que ele veja quantos preconceitos inconscientes ainda possui. Pois somente poderá distanciar-se deles quando os reconhecer. A "objetividade no julgamento" é a condição para tratar os outros com justiça. "A ação do justo se inicia na sabedoria do pensamento" (DEMMER: 502). Somente quando eu me livrar daquilo que turva meus pensamentos poderei ver as pessoas corretamente e também lidar com elas de maneira correta. A justiça diz que eu devo tratar a todos de maneira igual, que eu não dê preferência a ninguém, que eu não pratique o "nepotismo". Pois tudo isto gera apenas divisões e ciúmes. Os colaboradores sempre apreciam quando seu líder é justo. Ele pode até mesmo ser rigoroso. Entretanto, se for justo e imparcial em seu julgamento, será respeitado por todos.

Clareza nas decisões

A próxima qualidade que é exigida de um celeireiro nos parece demasiadamente exterior. Ele não deve ser tardo, *non tardus*. A descoberta da lentidão como virtude é hoje um importante contrapeso para a inquietação e a aceleração do tempo. No entanto, Bento com certeza não tem nada contra que o celeireiro trabalhe calmamente e concentrado naquilo que faz no momento. Em latim *tardus* significa vagaroso, desanimado, hesitante, apático, tolo. Existe uma forma de lentidão que está ligada a um bloqueio da alma. Algumas pessoas são lentas em suas ações porque sua alma está bloqueada por algum problema. Elas estão muito ocupadas consigo mesmas. Por este motivo, nada é fácil para elas. Elas dirigem lentamente, com o freio de mão puxado, e despendem muita energia consigo mesmas e com o cuidar da própria alma. Desta forma, não lhes sobra nenhuma energia que possa fluir exteriormente. Para os monges de outrora, o trabalho efetivo, aquele que é feito com as próprias mãos, era símbolo de uma pessoa espiritualizada. Quando alguém está em contato com sua fonte interior, a fonte do Espírito Santo, o trabalho jorra de seu íntimo, então brota alguma coisa desta pessoa. Na palavra latina *tardus* também ecoa a palavra hesitação. Existem pessoas que não podem decidir-se, porque são muito perfeccionistas. Elas têm medo de cometer erros. Por este motivo, preferem não decidir nada. Elas hesitam tanto a respeito de tudo, que por fim não são mais livres para decidir. Em sua visita à Alemanha Oriental, Gorbatschow disse a Honecker uma frase que se tornou muito conhecida: "Aquele que chega muito tarde é punido pela vida". Muitos chegam muito tarde, porque têm medo de mudar alguma coisa, porque têm medo das consequencias de sua decisao. Aquele que quiser liderar outras pessoas precisa decidir-se clara e rapidamente. Ele não pode esperar até que tudo esteja cem por cento claro. Para Bento, a clareza na decisão é uma virtude espiritual. Ela se origina da intuição, no momento em que o monge ouve a voz do Espírito Santo em seu interior e nela confia.

A incapacidade de decidir está frequentemente ligada a uma postura perfeccionista. Porque não queremos errar em nenhuma situação, não temos confiança para tomar decisões. Esperamos até que os outros decidam. No entanto, no momento em que, para não cometermos nenhum erro, hesitamos diante de uma decisão, fazemos exatamente tudo errado. Em algumas empresas temos a impressão de que, acima de tudo, os líderes querem manter os seus empregos. Por este motivo, a sua tarefa mais importante é não chamar a atenção e não cometer nenhum erro. Entretanto, desta forma não poderá surgir nada de novo, pois a fantasia e a inovação serão perdidas. E, com medo de tomar decisões, a pessoa gira em torno de si mesma e de sua inerrância. Não tem uma visão dos outros e da empresa; pelo contrário, sempre questiona, egocentricamente, apenas as possíveis consequências para si mesma. Assim, as consequências para a empresa aparecem em segundo plano. A incapacidade de tomar decisões é certamente o maior obstáculo de uma liderança verdadeira. Se numa empresa as decisões são constantemente adiadas, os funcionários se tornarão insatisfeitos e reprimidos em seu entusiasmo. Eles não sabem em que podem confiar. Esperam inutilmente por decisões. Nesta espera crescem as agressões contra a direção da empresa e contra si mesmos. As agressões já não são mais dirigidas na direção certa. Tais agressões levam à não colaboração, à destruição de si mesmos e terminam por afetar o clima organizacional.

Senso de economia

O celeireiro não deve ser pródigo (*non prodigus*). Ele deve lidar com as coisas de modo comedido e não esbanjá-las. A palavra esbanjar significa "dissipar, acabar com alguma coisa, destruí-la". Em vez de dissipar as riquezas, em vez de exaurir a natureza, o celeireiro deve atentar cuidadosamente para tudo que lhe é confiado. Ele não recebeu o poder sobre as coisas, mas sim a função de cuidar delas, para que tudo seja tratado de modo correto, para que todas as coisas sirvam a seu fim, ao fim que lhes foi destinado por Deus. O vício de esbanjar remete a um tipo de caráter que é transtornado pela ausência de autoestima ou pelo caos interior. Porque esta pessoa vê a si mesma como alguém sem valor, precisa lidar com as coisas desperdiçando-as, necessita mostrar a todos o quanto possui à sua disposição. Porque não possui estrutura interior, sua maneira de lidar com todas as coisas é também desprovida de qualquer es-trutura. Também aqui torna-se claro o mesmo sistema envolvido na incapacidade de tomar decisões. A pessoa usa as coisas para si mesma em vez de servir a elas. Dissipa as riquezas para, por meio de seu comportamento de ostentação, compensar a própria inferioridade. Tudo serve apenas a si mesma. Porém, liderar significa servir às pessoas e às coisas, ter em vista em primeiro lugar as pessoas e o bem-estar da empresa e não o prestígio próprio. Lidar bem com as coisas exige distância interior de mim mesmo, liberdade de mim mesmo, liberdade do constante girar em torno de meu próprio ser, livrar-me da pergunta sobre a vantagem que isto me pode trazer.

Temor de Deus

Diante destas qualidades negativas que o celeireiro não deve ter, Bento coloca como resumo um conceito central, que nós não esperamos de modo incondicional de um homem que deve manter em dia as finanças: que seja temente a Deus (*timens Deum*). O temor de Deus significa o encontro com Deus. Eu me deixo encontrar por Deus. Eu me deixo tocar pelas coisas que Deus me presenteou. Eu lido atentamente com elas. Santa Hildegard von Bingen pintou o temor a Deus como uma mulher, cujo corpo todo é composto apenas de olhos. Ela é a mulher atenta, que com todo o seu corpo presta atenção ao que está em torno de si, que vê Deus em tudo e que em tudo se deixa tocar e encontrar por Deus. O temente a Deus intui que ele e toda a sua existência vêm de Deus e é orientada por Ele. Quando se exige o temor de Deus de um líder empresarial, Bento evidencia que para ele a espiritualidade não é algo puramente sobrenatural, mas que se expressa por meio de uma boa administração, de uma maneira adequada no modo de lidar com as coisas. Por este motivo, os problemas econômicos dos conventos sempre apontam para o fato de que a espiritualidade também não é forte o suficiente para abranger todas as áreas. Talvez a espiritualidade seja apenas litúrgica ou estética. Porém, ela não tem o poder de penetrar o mundo, não atenta suficientemente para as relações econômicas, para os interesses financeiros. Fecha os olhos diante das necessidades econômicas às quais nos precisamos ajustar. Nós nos entrincheiramos atrás de ideologias como pretexto para não termos de ver a realidade. Uma destas ideologias é, por exemplo, a de que temos de fazer nós mesmos todos os trabalhos, de que um mosteiro não deve ter funcionários. Isto sempre aponta para um distanciamento da realidade. Em vez de organizar o trabalho corretamente, nós o idealizamos. Porém, isto não acontece apenas nos mosteiros. Isto acontece também na economia. Aqui o trabalho é somente instrumentalizado. Apenas o trabalho que traz dinheiro é valorizado. Esta é uma idealização do trabalho, semelhante à que se observa nos mosteiros. No entanto, a partir desta ideologia não prestamos mais atenção à realidade. Perdemos o temor de Deus, que significa atenção, cuidado. O temor de Deus também significa sempre respeito ao ser humano. Ele se expressa no respeito às pessoas. Para Bento, o temor de Deus e a crença na irmandade em Cristo de irmãos e irmãs estão associados. Aquele que teme a Deus ve tambem nos seres humanos a imagem de Deus.

Para nós, as palavras "temor de Deus" têm um som estranho. Mas aquele que teme a Deus não teme a si mesmo. Ele está ligado a Deus e não a si mesmo. O temor de Deus liberta do medo humano. Aquele que tem medo de cometer erros e não assume isto diante dos outros não é capaz de liderar outras pessoas. Ele vê os outros apenas segundo a visão do que eles podem lhe "trazer". O temor de Deus liberta do relacionamento doentio comigo mesmo, do medo de mim mesmo e do meu sucesso. Aquele que teme a Deus liberta-se do medo de falhar, do fracasso, da crítica. E o temor de Deus me liberta de modo a que, livre de mim mesmo, eu possa ver as pessoas e as coisas a partir de Deus e por este motivo seja justo. Assim, eu lidarei com as pessoas e com as coisas da maneira como condiz com Deus, que as criou.

Atitude de pai

A última diretriz, a de que um celeireiro deva ser como um pai, parece-nos estranha hoje em dia. Pois nós nos rebelamos contra um estilo paternalista de liderança. Hoje o estilo de liderança está voltado para a colaboração e comunicação. Todavia, as palavras de Bento sobre ser um pai referem-se a uma outra coisa que também hoje é significativa. O líder tem de apresentar em si a qualidade do pai, não só para toda a coletividade, mas também para cada um de seus membros. Em termos da educação, o pai é aquele que apoia uma criança, que lhe dá coragem para aventurar-se em alguma coisa e para arriscar-se a cuidar da própria vida. Se alguém não teve esta experiência paterna, se não teve um pai que estivesse a seu lado apoiando-o, muitas vezes procurará um substituto. E este substituto é a ideologia, são as normas fixas, os princípios rígidos. Se numa empresa todos apenas se entrincheiram nas normas, isto é expressão de ausência de experiência paterna. Mitscherlich fala de uma sociedade sem pai. Depois da guerra, muitas crianças ficaram sem o pai, porque este havia morrido ou ainda se encontrava prisioneiro. Mas Mitscherlich pensa que também hoje muitos pais ainda renegam a tarefa da paternidade e muitas crianças crescem sem pais. Se o celeireiro deve ser como um pai, isto significa encorajar seus colaboradores a se atreverem a alguma coisa, a correrem o risco de também cometer erros. Em muitas empresas, os líderes têm medo de cometer um erro. Estão preocupados apenas com o seu próprio cargo e não com o bem da empresa. Se uma empresa é dirigida por pessoas que não assumem o que fazem, que procuram os erros nos outros, que medrosamente se esforçam apenas pela própria carreira, mais cedo ou mais tarde estará em dificuldades. Tem sido dito, especialmente de gestores alemães, que eles não têm coragem de apoiar seus colaboradores e incentivá-los a se atreverem a fazer algo. Aparentemente não é tão fácil erradicar a antiga mentalidade de que é melhor criar cumpridores de ordens do que colaboradores que gostem de ousar.

Para um pai, o mais importante não é o prestígio, mas sim o bem-estar da família. Ele incentiva os filhos, lhes dá coragem para ousar alguma coisa, protege suas retaguardas para que possam seguir o próprio caminho. Ele lhes dá um adiantamento de confiança, para que possam realizar suas próprias experiências. Se pensarmos no pai como modelo de líder, existirá então um outro tipo de liderança, diferente da que é tão propagada hoje. Não teremos gestores amedrontados, que só pensam em suas carreiras, mas sim líderes, que despertam a vida em seus colaboradores, que os apoiam, que lhes dão coragem para seguir os próprios caminhos, para procurar novas soluções. Desta forma, Bento não deseja uma comunidade que se apegue amedrontada às normas, mas sim uma comunidade que tenha coragem de se arriscar a seguir um novo caminho.

Os elevados requisitos que Bento impõe ao celeireiro exigem um duro aprendizado de autoconhecimento e a disposição de trabalhar em si mesmo. Não é possível transformar totalmente o próprio caráter. No entanto, se eu me aceitar como sou, alguma coisa em mim poderá mudar, então os comportamentos negativos serão alterados. Quanto mais consciente eu me aprofundar em mim mesmo, quanto mais consequente me deixar levar por meu caminho interior, mais forte será o processo de transformação que será posto em marcha. Para muitos gestores seria melhor ocuparem-se primeiro de si mesmos e pesquisar a própria alma em vez de logo ocuparem-se com pessoas difíceis e com uma melhor organização da empresa. Pois somente aquele que se torna consciente de si mesmo estará isento de que suas necessidades inconscientes e suas paixões reprimidas embacem sua maneira de ver as coisas e adulterem sua liderança.

2
A arte de liderar
O modelo de Bento

Bento descreve concretamente como o celeireiro deve realizar sua tarefa, como ele deve liderar:

> Tome conta de tudo; nada faça sem ordem do Abade. Cumpra o que for ordenado. Não entristeça seus irmãos. Se algum irmão, por acaso, lhe pedir alguma coisa desarrazoadamente, não o entristeça desprezando-o, mas negue, razoavelmente, com humildade, ao que pede mal (RB 31,3-7).

Zelo

O celeireiro deve zelar por tudo em torno de si. Isto não significa, porém, que ele deva consumir-se em preocupações. *Cura* significa também zelo, cuidado. Que ele tenha tudo sob sua visão e lide cuidadosamente, tanto com as pessoas como com as coisas que lhe são confiadas. Bento também não pensa que o celeireiro tenha de fazer tudo sozinho em vez de delegar a outros algumas tarefas. O líder que cuida ele mesmo de tudo, que se envolve em qualquer coisinha, já não serve de exemplo nos dias atuais. Entretanto, deve ter uma visão geral de tudo. Ele deve organizar tudo de tal forma que os colaboradores possam dirigir e cuidar bem de todas as áreas de uma empresa. Não é bastante que eu tenha em minha mira apenas o sucesso e, sendo assim, não veja como as pessoas estão. É muito pouco olhar apenas a efetividade e ignorar o clima na empresa. Se eu não prestar atenção à cultura que define a empresa e à convivência, em pouco tempo o resultado também será péssimo.

O trecho que diz que o celeireiro não deve fazer nada que não lhe tenha sido ordenado pelo abade nos parece estar mais ligado à submissão do que à criatividade. Porém não é este o significado. O líder deve desenvolver a própria fantasia e trazer novas ideias. No entanto, ele tem a obrigação de, em tudo que faz, buscar o apoio dos colaboradores. Não pode simplesmente impor suas ideias preferidas. É indispensável que o celeireiro primeiro submeta suas ideias ao abade, que é seu superior, para que este as examine. Para alguns executivos seria bom que submetessem suas ideias a um conselho em vez de colocá-las imediatamente em prática. Se o líder de uma empresa implementar constantemente suas ideias preferidas, criar-se-á na empresa uma agitação sem objetivos, que não levará a nada. Pois os colaboradores estarão entregues ao humor do líder. E as linhas de ação objetivas se perderão. O abade é como um supervisor, que primeiro examina as ideias do celeireiro. Isto exige do celeireiro que as repense claramente e que as formule de tal modo que possam convencer o abade. Desta forma tem-se a garantia de que nem toda ideia não amadurecida será posta de imediato em prática e assegura-se uma boa continuidade.

Atenção

Em latim, a próxima determinação para um celeireiro é *Quae iubentur custodiat* (= cumpra o que for ordenado). *Custodire* significa vigiar, atentar, proteger, observar. Para Bento, trata-se aqui, acima de tudo, do cuidado. O celeireiro não deve simplesmente aceitar a tarefa que lhe foi dada pelo abade e executá-la mais ou menos. Pelo contrário, deve pensar sobre ela e examinar o sentido que está por trás do desejo do abade. Não se trata aqui em primeiro lugar de obediência, mas sim de atenção àquilo que é exigido de mim, de ponderação em todas as decisões e de uma convivência cuidadosa e atenta com as pessoas.

Crença na "boa semente" da pessoa

Nas instruções ao celeireiro torna-se claro o que Bento entende como liderança; não entristecer os irmãos, não magoar ou ferir ninguém, mas antes respeitar a todos, mesmo aquele que venha com pedidos insensatos. Neste trecho vê-se a noção da pessoa humana para Bento. Em cada ser humano existe uma boa semente, também naquele que aparentemente é insensato, que gira apenas em torno de seus próprios desejos. Bento determina que todos sejam respeitados. Liderar não significa que eu diminua o outro e o desvalorize. Muitos abusam de sua liderança. Muitos passam para os colaboradores a sensação de que vivem graças à sua misericórdia. Se alguém precisar de alguma coisa, terá de, primeiro, pedir e humilhar-se com seu pedido, de forma que o líder possa demonstrar então sua generosidade. Principalmente, quando se trata de dinheiro, pode-se ferir profundamente as pessoas. Se eu transmito a alguém que precisa de dinheiro a ideia de que na verdade não teria o direito de recebê-lo, eu o estou ferindo. Bento exige que eu veja Cristo em todas as pessoas, que descubra em todas uma boa semente. Se creio no Cristo que habita em cada um dos seres humanos, não deixo de ver as suas falhas. No entanto, não me fixo nelas. Eu vejo a boa semente através das fraquezas e dos pontos obscuros de seu caráter. Com isto também torno possível ao outro acreditar em sua boa semente. Com isto a convicção do líder é posta em questão. No estilo de liderança pode-se perceber de imediato se o líder é moldado por desconfiança e medo, se faz uma imagem pessimista da humanidade ou se acredita na boa semente do outro. Uma imagem pessimista da humanidade faz com que o líder deseje controlar todos os seus colaboradores. Entretanto, quanto maior o seu desejo de controlar, mais oposição despertará em seus colaboradores. E então, em algum momento, a empresa estará fora de controle. Pois um dos princípios básicos da psicologia é que a vida daquele que tudo deseja controlar com toda certeza acabará por sair do controle. Se o controle se tornar um dos mais importantes instrumentos de uma empresa, a criatividade e a imaginação serão reprimidas, a vontade e a alegria de trabalhar acabarão e, mais cedo ou mais tarde, a empresa estará em uma situação ruim.

Que a exigência de não entristecer os colaboradores pode ser absolutamente um dos mais importantes elementos da liderança é demonstrado no exemplo de uma empresa de abastecimento de energia elétrica norte-americana. A WPSC criou importantes normas para toda a empresa, que tinham como objetivo não afligir e não pressionar seus funcionários, mas sim edificá-los. Uma destas normas é: "Nós não podemos tolerar nenhum tipo de comportamento que mine a autoestima da pessoa, sua esperança, sua individualidade e sua dignidade. Nós devemos entender que todo funcionário contribui para o sucesso da empresa; por este motivo devemos evitar que alguém tenha de executar um trabalho que não seja condizente com a sua capacidade ou que o impeça de contribuir para o sucesso da empresa... O trabalho deve enriquecer a todos os funcionários e dar prazer a todos" (SECRETAN: 292). Se incentivarmos os funcionários e lhes possibilitarmos realizar um trabalho que lhes traga alegria, com o tempo a empresa também conseguirá apresentar lucro. Se, porém, usarmos os funcionários apenas para preencher os espaços e os remanejarmos de lá para cá, para que possamos de alguma maneira ocupar os cargos importantes, então colocaremos sobre eles um véu de tristeza e os paralisaremos em seu trabalho. Liderar significa motivar as pessoas, dar-lhes asas, encorajá-las a serem criativas. Ocupar os cargos não é nenhuma liderança. Nós não podemos em primeiro lugar ver os cargos, que temos para distribuir, e então reparti-los entre os colaboradores que temos à disposição. Infelizmente, é assim que acontece, com muita frequência, nos mosteiros. Neles são colocadas na cozinha mulheres com boa formação teológica e capacidades artísticas só porque no momento precisa-se de alguém lá. Liderança no sentido de Bento significaria, primeiro, levar em consideração as pessoas que estão conosco e incentivá-las. Nós devemos ajustar a tarefa às pessoas e não o contrário. Entretanto, isto também impõe a condição de que os indivíduos sejam flexíveis. Pois qualquer funcionário não é competente apenas para um único posto, mas possui a capacidade de trabalhar de maneira efetiva e prática em diversos locais.

A crença na boa semente do outro não exige que o líder deva satisfazer-lhe todos os desejos. O líder pode dizer um "não" categórico e chamar a atenção de alguém, quando isto for conveniente; porém sempre de modo que o outro não se sinta como um perdedor, que ele não seja diminuído ou desvalorizado. Todo aquele que lidera um outro será sempre confrontado com desejos e reivindicações irracionais (*inrationabiliter postulat*). Ele não deve ignorá-los, mas ter a coragem de falar sobre o que considera negativo e irracional. No entanto, mesmo durante uma conversa de advertência não se deve nunca magoar a pessoa. Porque isto a desmotivaria. O objetivo de uma conversa de advertência é sempre o de aumentar o nível de motivação do funcionário. Isto só será bem-sucedido se eu não repreender a pessoa, mas o seu comportamento inadequado. Um dos problemas básicos de toda boa liderança é saber como falar de coisas negativas sem ferir. Durante um treinamento de titulares importantes na tomada de decisões do mosteiro, o treinador empresarial Fritz J. Schürmeyer nos transmitiu comportamentos que devem ser adotados nas conversas com colaboradores, semelhantes aos descritos por Bento. A regra mais importante é: "Apresente a verdade ao outro como uma capa que ele possa vestir, não bata com ela em seus ouvidos como se fosse uma toalha molhada" (SCHÜRMEYER: 2). Aquele que quiser conversar com um funcionário sobre problemas que ele tenha causado tem de primeiro reparar na pessoa. Precisa de complacência, para que junto com o outro procure caminhos que contribuam para o bem-estar de ambos e da empresa. Precisa de serenidade e também de poder concordar com decisões que não sejam as que havia pensado. E precisa ter compreensão para com o outro, mesmo que este não esteja preparado para entender a si mesmo.

Bento diz que o celeireiro deve negar-se a atender pedidos inconvenientes (*male petenti deneget*). *Denegare* significa dizer "não" a alguma coisa, repelir, negar-se. Aquele que quer satisfazer a todos os desejos tem com frequência medo da rejeição. Como resultado, ele acaba por tornar-se dependente das pessoas pelas quais deseja ser amado. Bento coloca como condição que o celeireiro também possa dizer "não", que ele também enfrente o que é descabido e ruim (*male* = ruim, mal, mau). No entanto, ele nunca deve realizar esta abordagem a partir de uma emoção, mas deve ter sempre em mente a dignidade do indivíduo, deve ser justo com a pessoa e não pode identificá-la com suas reivindicações exageradas. Se o líder tiver de dizer não, isto nunca deve acontecer sob a influência da emoção, mas sim da racionalidade – *rationabiliter*. Ele deve informar as razões que o levam a dizer não. Aquele que pede tem de entender por que seu pedido é recusado. Assim, apesar de tudo, ele se sentirá levado a sério. Durante a conversa, o líder deve permanecer "sensato e ponderado, mesmo que o outro reaja emocionalmente" (SCHÜRMEYER: 7). Ele tem a responsabilidade de não deixar a conversa descambar em acusações mútuas, mas que ao fim a razão seja a vencedora. Isto exige certeza interior e firmeza. É necessário também que haja uma distância interior saudável, para que eu não me deixe contaminar e determinar pelas reações emocionais do outro. *Ratio* não significa apenas razão, mas também cálculo. O líder deve ser calculista em sua negação. O requerente deve poder calcular para si mesmo o que tem chance de ter sucesso e o que não. Calcular exige justiça. Uma negação não pode ser manifestada a partir de uma arbitrariedade, mas sempre a partir de razões claras, a partir de um cálculo compreensível.

Sem entristecer

É importante para Bento que o líder não transmita tristeza, mas tranquilidade e paz, alegria e vontade de viver. Bento coloca-se aqui na tradição dos Padres do deserto. Um velho abade disse a um monge: "Não cause tristeza a seus irmãos, pois você é um monge" (HOLZHERR: 191). Ele definiu um monge como alguém que não aflige seus irmãos. A palavra em latim *contristet*, que Bento usa aqui, significa afligir, entristecer, ferir e causar dano. No momento em que eu machuco e magoo uma pessoa, provoco-lhe uma tristeza e uma depressão que a paralisa e rouba suas forças. O tema da tristeza esteve muito presente nos primórdios do monacato. Aparentemente muitos monges tiveram de lutar contra o "demônio da tristeza". Basílio diferencia a tristeza desejada por Deus, que conduz à "mudança do modo de pensar e à cura", da tristeza mundana, que tem a morte como consequência. Esta tristeza paralisa. Segundo Evágrio Pôntico, ela se origina "quando relvindicações afetivas são frustradas ou se coloca como consequência da agressividade". Com grande frequência, o celeireiro tem de decepcionar as pretensões dos monges. Ele não pode satisfazer o desejo de todos. No entanto, ele não deve nunca frustrar as pretensões afetivas, o direito à atenção e de ser levado a sério. Se estas reivindicações humanas primárias não forem satisfeitas, surgirá no irmão um sentimento de tristeza, de autopiedade, de falta de sentido. E sentimentos como estes paralisam também o seu trabalho. Por este motivo, o respeito à dignidade do indivíduo incentiva também a produtividade do trabalho.

O líder sempre ferirá seus colaboradores, se ele mesmo estiver ferido. Ele passará adiante seus próprios ferimentos. Por este motivo deve sempre analisar seus ferimentos e reconciliar-se com eles. Pois somente dessa forma ficará livre da compulsão de ter de menosprezar e ferir os outros. Ele compreenderá os velhos padrões de sua história de vida que ofuscam a sua visão das necessidades de seus colaboradores. Se sua visão não estiver mais ofuscada, ele não mais afligirá tão facilmente as pessoas à sua volta. O líder é responsável pelo seu próprio estado de espírito. Alguns gestores espalham em torno de si uma atmosfera de tristeza. Algumas vezes não se percebe isto no começo, pois são externamente amigáveis e até mesmo alegres. Eles podem divertir um departamento inteiro com suas piadas. Porém, por detrás da fachada, uma tristeza profunda está à espreita. E esta tristeza reprimida é colocada cada vez mais sobre os colaboradores e impulsiona para baixo o clima da empresa. Por este motivo, não se trata apenas de que o gestor modifique seu comportamento e seja afável com seus colaboradores. Ele também deve examinar seu inconsciente, seu lado sombrio e conscientizar-se dele. Senão, isto exercerá um efeito negativo sobre os funcionários. Nós também somos responsáveis pelo efeito que exercemos sobre outras pessoas. No entanto, eu não posso mudar este efeito de hoje para amanhã. Não existe nenhum truque para transformá-lo em uma energia positiva. Este efeito é muito mais o resultado de um convívio sincero consigo mesmo. Colocar-se honestamente diante do próprio lado sombrio é muitas vezes doloroso e humilhante. Muitos líderes receiam esta difícil tarefa. Mas então, tudo aquilo que foi reprimido se projetará sobre os funcionários e turvará a atmosfera.

Nunca é bom para uma coletividade que existam vencedores e perdedores. Por este motivo o líder nunca pode transmitir aos colaboradores a sensação de que nada podem contra ele, de que têm sempre de se curvar. Ninguém gostaria de ser para sempre o perdedor. Assim, como perdedor, este alguém desistirá de lutar e fará apenas o necessário ou então só pensará em vingança, para ganhar da próxima vez. Já que em um confronto direito com o gestor, o colaborador nao pode ser o vencedor, ele vencerá por meio da recusa e do retraimento interior. Assim, ele ignorará as ordens do líder ou as sabotará. Ele trabalhará apenas segundo o regulamento e desta forma aborrecerá o líder constantemente para lhe transmitir uma sensação de impotência. O líder poderá criticá-lo tantas vezes quantas queira. O colaborador sempre prometerá da boca para fora que se esforçará para cumprir satisfatoriamente todas as metas. Porém, em seu inconsciente a pressão para negar-se a isso tornar-se-á tão grande que acabará por impor-se à realidade exterior. Muitas vezes esta resistência inconsciente mostra-se no simples esquecimento de uma tarefa ou na sua não realização. Deixar o líder esperar é a única maneira de poder mostrar-lhe sua agressão de um modo indireto. Este é o jogo de poder preferido do "pequeno funcionário público". Na área em que possui poder, ele deixa com que todos esperem. É assim, por exemplo, que o departamento financeiro mostra seu poder diante dos outros departamentos negando-lhes informações ou fazendo-os esperar mais do que o necessário. Existem muitos jogos de poder desse tipo, nos quais a vingança é o último trunfo do perdedor contra os poderosos aparentes. Esses jogos de poder podem atrapalhar e paralisar toda a estrutura de uma empresa. Uma vez que a recusa por meio de jogos de poder, esquecimento e fazer esperar vêm do inconsciente, o líder também não poderá vencê-la. Desta forma, o perdedor será ao mesmo tempo o vencedor. O líder se sentirá impotente. Suas tentativas de melhorar alguma coisa por meio de crítica e de controle estão condenadas ao fracasso. O perdedor reunirá simpatizantes em tor-no de si que, assim como ele, deixarão as ordens vindas de cima caírem no vazio. A tristeza que cresce em um perdedor se difundirá de maneira gradativa e acabará por contaminar e paralisar toda a comunidade.

O princípio básico de que o celeireiro não deve magoar e ferir seus irmãos também hoje seria benéfico na empresa. Pois muitos colaboradores adoecem porque são constantemente magoados. Já há muito foi reconhecido que o número de funcionários doentes em uma empresa é expressão do clima que a rege. Se os colaboradores não se sentirem levados a sério, adoecerão mais facilmente. Se eles forem desvalorizados e feridos, os ferimentos da alma se expressarão também no corpo. Aquele que dissemina o medo na empresa, talvez consiga elevar o desempenho por um curto período de tempo. Porém, com o tempo, ele criará uma desmotivação e um clima que fará adoecer, que reduzirá o desempenho. A atmosfera será envenenada e acabará por gerar nos colaboradores a tendência a passar os ferimentos adiante. "O nível de veneno em elevação conduz à contrariedade, ao ressentimento, à traição e a um grau de irritabilidade em que as pessoas rosnam umas para as outras... Em uma empresa, em que o clima foi envenenado, a alma será destruída" (SECRETAN: 112). Se um líder magoar constantemente seus colaboradores ele não poderá admirar-se de que em sua empresa em breve o *mobbing* se instale furtivamente. Quem está magoado magoa os outros. Quem tem medo transmite este medo adiante. Quem é impotente tenta compensar sua impotência exercendo poder sobre os outros e pondo-os para fora da empresa. A empresa General Motors gastou no ano de 1995 mais dinheiro com a assistência médica do que com a compra de aço. Os custos médicos encareceram cada carro em 900 dólares. Esta é a consequência de uma estratégia empresarial que, antes de mais nada, gostaria de superar todas as outras, mas que no entanto deixa seus próprios colaboradores adoecerem.

Sem desprezar

O celeireiro não deve desprezar seus irmãos (*spernere* = segregar, desprezar, não gostar, mostrar aversão). Aquele que despreza o outro segrega-o da comunidade humana. Atira o outro na solidão. O desprezo pelo outro é muitas vezes expressão de que eu não posso aceitar alguma coisa em mim mesmo e que me desprezo por isto. Mas como eu não posso admitir para mim mesmo que não me gosto, demonstro o desprezo, que na verdade é dirigido ao meu próprio ser, para com os outros. O desprezo atormenta e desmotiva, ele corta as relações de convívio e paralisa. Em vez de desprezar seus colaboradores, o líder deve amá-los, aceitá-los em sua individualidade, erguê-los e encorajá-los. Isto não criará apenas um melhor clima na empresa, mas também aumentará o desempenho. Nos últimos anos, o lema de que o cliente é rei foi utilizado em muitas empresas. Todos os clientes devem ser tratados gentilmente. Isto é com certeza muito bom. No entanto, quando os empregados não se sentem tratados gentilmente, a estratégia da gentileza externa será como um bumerangue para os próprios colaboradores. Se eles têm de ser sempre gentis, sem que eles próprios vivenciem valorização e compreensão, em breve demonstrarão externamente sua frustração e insatisfação ou então as interiorizarão de tal modo que adoecerão psíquica e fisicamente. Em um espaço de tempo previsível, eles odiarão seu trabalho e procurarão um outro emprego. Por este motivo, uma empresa precisa cuidar em primeiro lugar de satisfazer as necessidades da alma de seus próprios funcionários. A cadeia de hotéis Marriott perde a cada ano 60% de seus colaboradores porque exige demais deles. A busca por substitutos custa 1.000 dólares. Desta forma, demonstra-se que a típica estratégia mecanicista, que considera as pessoas apenas como unidades funcionais ou de produção... e não como almas não prejudica apenas os colaboradores, mas em última análise também tem efeito negativo no serviço prestado ao cliente e gera custos altíssimos para as empresas. Por este motivo, Halt Rosenbluth, que construiu uma das mais bem-sucedidas cadeias de agências de viagem dos Estados Unidos, escreve: "Nossos funcionários são aqueles que atendem aos clientes. E eles os atendem melhor quando o fazem com o coração. Em consequência, a empresa que alcançar o coração de seus colaboradores oferecerá também o melhor serviço".

3
A liderança como serviço

Bento não escreveu o capítulo do celeireiro de maneira metódica. Após a curta descrição de como ele deve realizar sua tarefa, Bento prossegue:

> Guarde a sua alma, lembrando-se sempre daquela palavra do Apóstolo: "Quem tiver administrado bem terá adquirido para si um bom lugar". Cuide com toda solicitude dos enfermos, das crianças, dos hóspedes e dos pobres, sabendo, sem dúvida alguma, que deverá prestar contas de todos esses no dia do juízo (RB 31,8s.).

Prestar atenção à própria alma

A exigência de que o celeireiro guarde (*custodiat*) a sua alma coloca-se em paralelo à advertência de que ele deve atentar para aquilo que o abade lhe ordena (vers. 5). A palavra latina *custodire* significa "atentar, vigiar, perceber de modo consciente". Portanto, o líder deve ter uma relação com a sua alma. Em sua tarefa de liderar, ele não deve atentar apenas para as ordens e para os fatores externos, mas acima de tudo para sua alma. Por alma entenda-se a esfera interior. É na alma que ressoam as vozes sussurrantes que nos dizem o que de fato é certo para nós. Na alma estamos em contato com Deus e com nosso próprio eu. Guardar a própria alma significa não se deixar absorver em sua tarefa de liderar por decisões e ações exteriores, mas ficar em contato consigo mesmo. Para isso é necessário que haja tranquilidade, pois somente assim poderemos ouvir as vozes que sussurram em nossa alma. Por esse motivo, a meditação diária não é um luxo para o líder, mas a condição para que ele cumpra bem sua tarefa. O líder deve estar consigo mesmo e suas ações devem partir de seu centro interior. Somente lhe será de fato possível estabelecer uma relação com as pessoas e com as coisas quando, antes de mais nada, houver estabelecido a relação consigo mesmo, com aquilo que acontece em seu interior. E a relação consigo mesmo, com a própria alma, é ao mesmo tempo a relação com Deus. O consultor empresarial norte-americano, Lance H.K. Secretan, fala de *Soul-Management*, de "gerenciamento com alma". Com isto ele se refere a um estilo de liderança, que envolve os aspectos da alma em todos os níveis de decisão. Aquele que presta atenção em sua própria alma também pode dar asas às almas de seus colaboradores. Ele entra em contato com seus anseios mais profundos e desta forma pode motivá-los muito mais a um trabalho de qualidade do que por meio da promessa de um salário maior. Guardar a própria alma não é por este motivo algo ultrapassado, mas sim, pelo contrário, a condição para se exercer uma liderança que recompense as pessoas não apenas financeiramente, mas também espiritualmente. Secretan escreve: "Nós queremos forças de liderança que renovem nossos empreendimentos e criem um ambiente profissional em que a alma possa florescer" (SECRETAN: 44s.).

Guardar significa também cuidar de sua alma, cuidar de si mesmo. Em sua tarefa, o líder não deve esquecer-se de si próprio, de suas necessidades e de seus desejos, de suas paixões e de suas emoções. Ele precisa perceber o que sua tarefa lhe traz, se ele, com sua ação, está em harmonia com sua alma, com os impulsos que murmuram em seu interior. É sempre perigoso agir inconscientemente. Aquele que desconhece suas necessidades as projetará sobre os outros. Aquilo que permanecer inconsciente em sua ação terá um efeito devastador sobre as pessoas ao seu redor. Muitas vezes não sabemos por que uma pessoa tem um efeito tão desagradável sobre outra. Na maioria delas, esta pessoa está externando aquilo que reprimiu. Aquele que está em contato consigo mesmo, aquele que guarda a própria alma, entrará muito depressa em contato com as pessoas. Porém aquele que não cuida de si mesmo, aquele que se deixa determinar apenas pelas tarefas externas, não percebe de modo algum como todas as suas necessidades recalcadas se voltam contra ele. Irá esgotar-se sem perceber de nenhuma maneira como se tornou agressivo e insensível. Somente aquele que presta bastante atenção a si mesmo e cuida de si próprio também poderá cuidar bem dos outros e prestar atenção ao que faz bem ao outro e à equipe. Pois, de outra maneira, ele logo estará esgotado física e espiritualmente e sua falta de entusiasmo se espalhará entre os colaboradores por meio de comentários irônicos e cínicos. Por este motivo, sempre desconfio quando alguém apresenta ideais muito elevados para sua tarefa; quando por exemplo este alguém diz que se sacrificará totalmente pela empresa, ou que irá cuidar da administração por pura obediência ao abade. Se alguém se sacrificar inteiramente pela empresa e não for recompensado, endurecerá internamente e deixará que seus funcionários percebam esta rigidez. Eu mesmo não escolhi a tarefa de ser celeireiro. Foi obediência absoluta. Porém, eu sei exatamente que não teria sido um bom celeireiro por simples obediência se para isto tivesse tido de reprimir minhas convicções interiores. É de minha responsabilidade fazer com que esta tarefa também seja uma satisfação para mim. Naturalmente isto não significa que eu aja somente segundo o princípio do prazer, que tudo tenha de me divertir. Toda tarefa de liderança também traz consigo muitos problemas. No entanto, se eu os enfrentar e os solucionar, isto também me fará muito bem. Se eu digo sim a um trabalho, também preciso cuidar que ele faça bem à minha alma. Nesse caso, eu serei o responsável pela realização do trabalho, de modo que ele seja adequado para mim e me traga ganho espiritual.

O caminho espiritual da dedicação

Em seguida, Bento cita uma passagem da Primeira Carta a Timóteo. Lá está escrito: "Pois aqueles que servirem bem, alcançarão para si um lugar honroso e muita confiança na fé que há em Jesus Cristo" (3,13). Estas palavras são dirigidas à diaconia. O lugar honroso que um diácono alcança quando executa bem o seu serviço pode relacionar-se à sua posição na comunidade. No entanto, Bento pode estar se referindo também a um grau interior, a um grau de amadurecimento ou ao grau do reconhecimento de Deus. No gnosticismo, a palavra *bathmos* (= grau) é usada neste sentido. Bento citou apenas a primeira metade do versículo. É evidente que ele pensa que aquele que realiza bem sua tarefa de liderar cresce interiormente e também se aproxima de Deus. Por este motivo, liderar corretamente é um caminho espiritual e não apenas um puro método. E trilhando este caminho chegamos a Deus do mesmo modo que pelo caminho das orações. Olhar para as dimensões espirituais da liderança parece-me tarefa decisiva nos dias de hoje. Muitos diretores reconheceram que para poder liderar melhor não precisam seguir apenas os caminhos do relaxamento e da meditação, mas que uma liderança verdadeira é em si mesma uma tarefa espiritual. Secretan chama de "dedicação" esta dimensão espiritual da liderança. Por dedicação, ele entende "ir de encontro às necessidades do outro com respeito e desenvolver a paixão de satisfazê-las" (SECRETAN: 72). A dedicação tem a ver com o amor. Liderar exige, afinal, que o líder ame seus colaboradores e que seu objetivo seja o de que eles estejam bem, trabalhem com prazer e possam desenvolver-se no trabalho. Como durante muito tempo, nós, da Igreja, colocamos em primeiro plano virtudes passivas como a obediência e a paciência, deixamos de ver que liderar é em si mesmo uma tarefa espiritual. No momento em que lidero outras pessoas sou tão desafiado espiritualmente como nas orações e na meditação. Eu sou colocado diante de questões tais como: se me envolvo totalmente com as pessoas e finalmente com Deus; se com isto me coloco a serviço de Deus e estou preparado para me engajar na tarefa de servir às pessoas e às coisas, "dedicar-me". E sou tão radicalmente confrontado com minhas próprias emoções e necessidades reprimidas que não posso desviar-me de minha própria verdade. Como apenas a verdade liberta, por meio de meu trabalho de liderança me libertarei das ilusões e de estar preso ao meu próprio ego. Isto me impulsiona cada vez mais à proximidade de Deus como a única base sob a qual eu posso construir.

Servir à vida

Na citação da Primeira Carta a Timóteo (3,13) fica claro que Bento entende a liderança como um serviço. A palavra grega *diakonein* significa o serviço de mesa. Aquele que serve à mesa serve à vida. Aquele que serve bem a uma mesa dá satisfação aos comensais. Ele os serve para que saboreiem com alegria e possam experimentar vitalidade. Liderar significa acima de tudo despertar vida nas pessoas, fazer com que delas emane vida. As palavras de Bento sobre a tarefa de liderança como serviço estão fundamentadas no que foi dito por Cristo durante a Última Ceia. Assim, Jesus responde à discussão dos mais jovens sobre quem dentre eles seria aquele que se distinguiria dos outros pela superioridade: "Os reis reinam sobre seu povo, e os poderosos se deixam chamar de benfeitores. Convosco não deve, porém, ser deste modo: o maior dentre vós deve ser como o menor, e quem manda, como quem serve" (Lc 22,25-26). Aqui fica claro como Jesus entende a tarefa de liderar (*hegoumenos*) e a distingue de um mal-entendido muito difundido. Liderar significa para os reis dos povos que eles reinam sobre os outros, que eles humilham os outros. Alguns líderes têm de diminuir seus colaboradores para poderem acreditar no próprio tamanho. Eles abusam de seu poder para se engrandecerem diante dos outros. A palavra grega para isto é *kyrieuousin*, eles se arvoram em senhores. Eles dizem aos colaboradores: "Eu sou o senhor, você é o escravo. Eu sou tudo, você não é nada. Eu tenho poder sobre você. Você deve fazer apenas o que eu lhe digo". Ainda hoje existem muitos líderes que se comportam como senhores dos outros, porque quase não possuem autoestima. Eles precisam depreciar os outros para poderem se valorizar. Os poderosos, assim diz Jesus, se deixam chamar de benfeitores. Eles utilizam seu poder para cultivar seu prestígio e sua imagem. Sua liderança não serve às pessoas, mas sim a si mesmos. No entanto, para Jesus liderar significa *servir*. A palavra grega para liderar – *hegeomai* – significa ir à frente, orientar, conduzir. Aquele que conduz os outros vai à sua frente. Segue o mesmo caminho que eles. Ele não ordena de cima para baixo, mas segue adiante daqueles com quem gostaria de caminhar junto. Ele próprio faz o que espera de seus colaboradores. Aquele que lidera desta forma serve às pessoas. Jesus utiliza aqui a mesma palavra usada na Carta a Timóteo: *diakonein*. Aquele que quer liderar verdadeiramente deve servir à vida e fazê-la emanar das pessoas. Em vez de reagir de imediato com sanções contra um funcionário que está insatisfeito e irrita seus colegas, seria muito melhor colocar-se em seu lugar e pensar quais seriam seus anseios mais profundos. Por que ele está tão insatisfeito? O que o faz sofrer? O que ele almeja? O que lhe faria bem? Se eu, ao invés de apenas reagir aos seus erros, reforçar seus anseios e seus sonhos, estarei despertando-lhe vida. Liderar é algo ativo. Liderar faz com que a vida que dormita no indivíduo se revele. Motiva os colaboradores a desenvolver os dons que Deus lhes deu. Liderar é a arte de encontrar a chave que abrirá os tesouros dos colaboradores e lhes transmitirá o sentimento de que em seu interior estão contidas muitas possibilidades e capacidades. Liderar significa despertar a vontade de desenvolver as próprias capacidades a serviço da coletividade.

Hoje em dia, muitos consultores empresariais já perceberam que não é possível dissociar o ato de liderar do ato de servir. O Dr. Hanns Noppeney cita o direitor da empresa Bosch, Hans L. Merkle, que em uma palestra dada em 1979 já defendia o ponto de vista de que servir e liderar não seriam duas coisas opostas, mas que a aptidão para liderar viria da disposição de servir. Liderar seria então uma categoria especial do servir. É evidente que servir à empresa e aos funcionários não significa deixar-se usar por eles, mas sim estar preparado para assumir a responsabilidade por eles e arcar com as consequências quando existirem problemas. Porém, o servidor tem de estabelecer bem os limites, para não ser "devorado" em seu trabalho. É por este motivo que Bento aconselha ao celeireiro que ele cuide da própria alma.

Hoje, a mídia espera, principalmente de empresas que estejam enfrentando turbulências, um "salvador da pátria" que em pouco tempo resolva os seus problemas e as saneie. No entanto, o sucesso obtido de forma tão rápida é na maioria das vezes obtido às custas das pessoas. Um diretor que serve às pessoas, com o tempo também levará a empresa à vitória. A intranquilidade, com a qual o típico "salvador da pátria" implementa medidas desenvolvimentistas dispendiosas para se autodemonstrar, não leva de fato ao sucesso. A maioria dos projetos de mudança de alto custo fracassa. Segundo a estatística, 70-80% de todos os projetos de mudança não dão certo ou acabam sendo deixados de lado (cf. NOPPENEY: 2). É claro que, para não estagnar, toda empresa tem sempre de realizar mudanças. Todavia, se os conceitos de mudança forem impostos pela sua vontade própria, sem levar em consideração as necessidades reais dos colaboradores, ou se a liderança, com a reestruturação, desejar se autoafirmar, tais projetos acabarão em nada. Um projeto tem sempre de servir às pessoas e nunca à própria autorrepresentação. Se o saneador típico quiser realizar seu conceito teórico a despeito das pessoas, ele não estará de fato liderando, mas sim usando os funcionários apenas para se autodemonstrar. Ou então ele estará usan-do o projeto para ufanar-se em seu ambiente como um "salvador da pátria" capaz. Tais métodos egocêntricos de liderança não servem às pessoas, mas apenas à própria imagem. A consequência é a resistência dos funcionários, que às suas costas falam que "precisam ser salvos do salvador" (cf. p. 3). Por este motivo, em contraposição ao princípio darwinista de que os mais fortes são considerados os melhores, Noppeney pergunta "se aquele que tem a disposição para servir, afinal não seria o melhor superior e a longo prazo não conseguiria melhores resultados" (p. 18).

Despertar a criatividade

Liderar é uma tarefa criativa. A liderança persegue o objetivo de despertar criatividade nos colaboradores. Neste sentido, Secretan diz que o líder deve dar asas à alma de seus colaboradores. Esta é uma outra metáfora para "fazer exalar vida" das pessoas. Liderar é mais do que reagir às falhas dos funcionários. Liderar é algo ativo. Exige imaginação, um faro para descobrir aquilo que, no outro, gostaria de florescer. Despertar vida consiste em transmitir aos colaboradores o sentido daquilo que fazem. Se alguém participar apenas da fabricação de um produto técnico, como por exemplo "marca-passos", não estará muito motivado. No entanto, se este alguém se conscientizar de que com este produto muitas pessoas serão salvas da morte certa, isto o incentivará a trabalhar com dedicação e com prazer. O líder é alguém que vê além da dimensão rotineira do trabalho, que conscientiza constantemente seus colaboradores do sentido daquilo que realizam e que deixa que eles participem de suas visões. Com isto ele desperta novas capacidades, novas energias, novas ideias de como seus funcionários podem encontrar soluções novas para melhor servir às pessoas. A criatividade é para mim a característica central a ser exigida hoje em dia de uma força de liderança. Aquele que não for pessoalmente criativo deve pelo menos preocupar-se em criar um clima de criatividade sob o qual as estruturas da empresa sejam questionadas e estratégias inovadoras possam ser desenvolvidas (cf. NOPPENEY: 20). A criatividade é para mim o sinal mais importante de espiritualidade. Por este motivo, liderar de modo criativo, desenvolver o imaginário, é para mim a expressão da dimensão espiritual da liderança. E São Bento trata desta dimensão espiritual da liderança. O líder tem de estar em contato com sua alma, com a fonte do Espírito Santo que jorra em seu interior e a partir da qual ele cria ideias novas. Também é possível aprender mais sobre a criatividade e a imaginação. Assim, acho importante que aqueles que lideram estejam sempre preparados a frequentarem cursos de liderança, junto com outras pessoas que ocupem a mesma função, para se estimularem reciprocamente. É pena que, exatamente nos mosteiros, as oportunidades de aperfeiçoamento sejam pouco utilizadas pelos líderes. E, no entanto, hoje não podemos mais dirigir espiritual, administrativa e dinamicamente uma coletividade, como há 30 anos. Para satisfazer uma coletividade com suas interdependências são sempre necessárias ideias novas.

Curar

No capítulo sobre o celeireiro Bento prossegue dizendo que ele deve estender seus serviços aos doentes e aos pobres, às crianças e aos hóspedes. As crianças e os hóspedes (*hospites*) são usados aqui como imagem de pessoas indefesas, sem direitos. Para Bento, liderar significa curar pessoas doentes, ajudá-las a viver com sua doença. Aquele que em sua tarefa de liderança deseja provar constantemente a seus colaboradores que eles são neuróticos, que eles têm este ou aquele complexo ou alguma deficiência, está menosprezando-os e desencorajando-os. Liderar significa despertar vida nos doentes na medida em que cuido deles, na medida em que reflito sobre o que lhes faz bem. Em relação aos doentes e aos pobres, Bento recomenda com insistência ao celeireiro que ele deve estar "incansavelmente preocupado" (= *cum omni sollicitudine curam gerat*). Na palavra *sollicitudine* está contida a palavra *sollus*, que significa "inteiro, totalmente". O que Bento traz aqui é afinal uma duplicação de palavras, para tornar claro ao celeireiro que ele deve usar de todo o seu coração para cuidar dos doentes e dos pobres. Ele deve analisar em seu coração o que o doente ou o pobre precisa para poder realmente viver. Neste trecho não se trata certamente apenas do doente físico, para o qual o celeireiro deve montar um bom serviço de enfermaria, nem apenas do pobre, ao qual ele deve dar esmolas. Pelo contrário, a questão aqui é de que modo aquele que lidera lida com seus colaboradores doentes, como ele os incentiva e desta forma os ajuda a se curarem. Em toda empresa existem pessoas doentes e frágeis. Bento considera muito pouco o fato de elas serem apenas toleradas, de que nós as suportemos quase como se fossem "casos de assistência". O líder deve exatamente dedicar-se com toda a sua atenção e com todo o seu coração aos colaboradores doentes, para que eles possam viver humanamente e para que, na medida de sua capacidade, possam trabalhar com prazer. Dar ao doente um trabalho adequado é uma terapia muito eficiente. Uma terapia que não passa pela análise do passado do doente, mas coloca objetivos que ele pode alcançar. Quando o doente persegue com todas as forças o objetivo que lhe foi colocado, suas feridas se curam mais depressa.

Reconhecer os sinais do tempo

Hoje, para nós, cuidar dos doentes e dos pobres também significa que pensemos sobre a questão da responsabilidade social de toda tarefa de liderança. Na atualidade, os pobres já não são mais apenas os africanos desprovidos de recursos, aos quais um mosteiro ou uma empresa devem fazer doações. Hoje, trata-se também da questão de como as empresas podem contribuir na criação de emprego para os desempregados. Aqui também a criatividade se faz necessária, para colocar postos de trabalho à disposição das pessoas. Aquele que administra com imaginação e criatividade sempre conseguirá ajudar outras pessoas a participarem de suas ideias. A coragem para arriscar e a imaginação criam postos de trabalho. Quando uma empresa transfere sua fábrica para o exterior, apenas porque lá a remuneração pelo trabalho é mais barata, demonstra falta de criatividade. Cedo ou tarde os salários no exterior também subirão. E então a produção terá de ser transferida outra vez. Hoje em dia, parece que o único caminho para sanear uma empresa seria o da redução de postos de trabalho. No entanto, por meio desta medida acaba-se por entrar em um círculo vicioso que terá efeito devastador sobre a sociedade. Seria melhor usar de modo prático os recursos existentes no local, despertar as capacidades que estão presentes em cada indivíduo e seguir novos caminhos para usar corretamente o potencial individual e com isto ganhar dinheiro. O hoje tão propagado desemprego precisa de soluções diferentes daquelas praticadas pela maioria das empresas. Em vez de ficar lamentando as relações temporais, seria mais sensato desenvolver a criatividade, oferecer produtos que possam suprir as necessidades atuais. Muitos diretores de empresas culpam a recessão ou as estruturas do atual mercado de trabalho mundial pelo desemprego. Com isto eles apenas desejam desviar a atenção do fato de que eles próprios se tornaram sem sentido, que são incapazes de atrair colaboradores e clientes e também de entusiasmá-los. Em reuniões com forças de liderança, Secretan reconheceu que "a recessão é apenas uma desculpa para justificar a irrelevância" (SECRETAN: 265). Em todo período de recessão também existem empresas que se expandem. Aparentemente estas empresas reconheceram os sinais do tempo e descobriram quais as necessidades reais das pessoas hoje em dia. As empresas que se reportam à recessão pela sua crise "não inspiram por muito tempo seus colaboradores e fornecedores e também não atraem mais nenhum cliente, sem falar que não mais o entusiasmam. Estas empresas oferecem produtos e serviços que passam bcm longe das necessidades do cliente" (p. 266). Toda empresa deve questionar-se sempre se está acompanhando o ritmo do tempo, se satisfaz as necessidades das pessoas e se emprega suficientemente as capacidades de seus próprios funcionários.

Delegar responsabilidade

Nos mosteiros, ouço muitas vezes a queixa de que algumas pessoas estariam sobrecarregadas de trabalho. Ao ouvir isto, na maioria das ocasiões, não sinto nenhuma piedade. Porque para mim isto é sinônimo de falta de criatividade. As pessoas não estão dispostas a reorganizar o trabalho de outra maneira. Com muita frequência a sobrecarga de trabalho é fundamentada no fato de a coletividade ter-se tornado cada vez menor e de que, por este motivo, o trabalho é colocado sobre cada vez menos ombros. No entanto, não estamos dispostos – principalmente nos mosteiros contemplativos – a delegar para os funcionários algumas tarefas importantes. Para mim, é uma ideologia pensar que temos de executar nós mesmos todo o trabalho. O mosteiro também tem uma responsabilidade social. Muitas pessoas se alegrariam se encontrassem trabalho em um mosteiro. E algumas irmãs e irmãos poderiam desenvolver suas capacidades em outras áreas, em vez de se esforçarem penosamente na cozinha, que detestam. Lá as irmãs são diminuídas, em vez de incentivadas a partir do momento em que lhes transmitimos outras responsabilidades. Uma irmã de 45 anos, por exemplo, ainda deve perguntar a uma irmã mais velha o que deve fazer, em vez de poder decidir sozinha como organizar seu setor de trabalho. Desta forma a criatividade pessoal é reprimida e a motivação se reduz. Se eu desenvolver as capacidades do indivíduo, se der asas à sua alma, em vez de sufocá-lo com trabalho, a longo prazo isto terá também um efeito positivo para o mosteiro. Se as irmãs puderem realmente usar suas potencialidades, ganharão mais dinheiro para o mosteiro do que com os trabalhos de limpeza costumeiros. Isto dependerá sempre da liderança. Os líderes precisam ter uma visão das potencialidades dos próprios membros do mosteiro. Eles precisam olhar bem o funcionamento geral, procurar por alternativas de como melhorar economicamente as bases do mosteiro e devem também liderar bem os encarregados dos setores, caso contrário explorarão o mosteiro apenas como "vaca de leite".

Responsabilidade social

O cuidado com os pobres também visa à questão da divisão justa dos bens. Bento não cultiva nenhum ideal romântico de pobreza. Ele não fala da pobreza, mas sim da simplicidade, da parcimônia e do cuidado com o pobre. Um mosteiro não tem hoje em dia nenhuma fórmula engenhosa de como a divisão dos bens mundiais poderia ser feita. No entanto, no momento em que tem participação no mercado de trabalho mundial e também tem um quinhão dos bens deste mundo, deve pensar sobre como quer responder aos contextos econômicos deste mesmo mundo. Apenas participar de forma ingênua é muito pouco. Somente apresentar-se como apóstolo da moral e saber tudo melhor também não ajuda muito. A liderança exige hoje que se veja além dos limites da própria empresa. Não adianta apenas desbancar outras empresas. Pois aquilo que é prejuízo para o outro, a longo prazo não será suficiente para a vantagem da própria empresa. Um empresário tem hoje uma responsabilidade social para com toda a sociedade, até mesmo pelo mundo inteiro. Ele não pode furtar-se a esta responsabilidade com a observação de que já faz o suficiente ao cuidar de seus empregados. Infelizmente, alguns executivos pensam a partir de categorias bélicas. Eles desenvolvem estratégias de como afastar outras empresas do mercado, de como vencer a concorrência. No entanto, se eu eliminar todos os concorrentes, em breve tempo não terei mais nenhum cliente. Ganhar às custas dos outros a longo prazo não ajuda em nada. A arte consiste em ganhar de tal forma que todos possam ganhar de alguma maneira. Secretan, que criou ele mesmo uma empresa com um faturamento de 100 milhões de dólares, descreveu o potencial destruidor do pensamento de concorrência: "A concorrência gera estresse, enfraquece a saúde física e mental, corrói a autoestima, desmotiva as pessoas, envenena a atmosfera da empresa, destrói relações pessoais e não é um caminho efetivo para a criação de equipes. A energia é ligada a um ponto negativo, no qual se trata de eliminar um oponente, em vez de ser utilizada de maneira positiva, para satisfazer as necessidades dos funcionários, fornecedores e clientes e com isto criar para eles valores mais elevados" (SECRETAN: 204). E, ele diz que a tarefa de um empresário seria despertar em nossa alma o amor, em vez de sentimentos de inimizade, que esmagam e destroem os outros. Por este motivo, uma empresa tem responsabilidade diante da sociedade como um todo. Os valores éticos, que uma empresa deve seguir, têm efeito sobre a sociedade. Se uma empresa pensar segundo categorias bélicas, aumentará o potencial de agressividade em torno de si e contribuirá para um clima frio e inamistoso. Se, no entanto, uma empresa se preocupar tanto com os funcionários quanto com os clientes e fornecedores, isto terá um efeito positivo sobre todo o ambiente que a cerca. Liderar significa assumir responsabilidade por esta sociedade. E somente poderá ser confiada uma tarefa de liderança àquele que estiver disposto a estender sua responsabilidade ao mundo como um todo.

Liderar como tarefa de educar

Bento também recomenda ao celeireiro o cuidado com as crianças. Outrora, as crianças eram levadas ao mosteiro para lá serem educadas. Para elas a austeridade das normas não é válida. Pelo contrário, os monges devem levar em consideração os seus limites. Cabe ao celeireiro o cuidado também das crianças. Nós podemos dizer que liderar seria também uma parcela do trabalho de educar. Em nossas empresas também trabalham muitas "crianças", pessoas que estacionaram em uma fase infantil do desenvolvimento. Liderar significa despertar vida nas pessoas infantilizadas, possibilitar-lhes o amadurecimento em seu trabalho, fazer com que cresçam e estejam preparadas para assumir responsabilidades. Não tem propósito reclamarmos de que temos funcionários infantis. A maneira como as pessoas se comportam também depende da liderança. O líder é responsável pelo crescimento de seus funcionários e pelo seu desenvolvimento. Eles não precisam poder tudo de uma vez. O importante é que eu lhes transmita a vontade de crescer e de amadurecer.

Não é válido apenas dizer que toda direção também é uma tarefa de instrução, mas sim o contrário: toda educação também é guiar pessoas. Toda mãe e todo pai têm afinal uma função de liderança. Por este motivo, o que Bento diz sobre o celeireiro se aplica também a todo aquele que educa crianças. Educar significa na verdade "conduzir para fora", assim como expressa também a palavra em latim *educare*. O educador retira a criança da não responsabilidade e da irreflexão e a conduz à imagem extraordinária e única que Deus acabou de fazer dela. Isto significa que cada um descobre mais e mais sua imagem original e inconfundível e a interioriza. O educador tem a tarefa de incentivar as crianças e os jovens em seu desenvolvimento, desafiá-los para que seu processo de crescimento não fique estagnado ou tome a direção errada, e fazer com que a vida que Deus imaginou para eles possa fluir. Bento determina que o celeireiro cuide das crianças com todo zelo, que ele lide com elas com muito cuidado, que ele atente para aquilo que elas necessitam de fato e para aquilo que lhes faz bem. Apenas desta forma as crianças poderão crescer dentro dos padrões que correspondem à sua imagem interior. Na biografia de Santo Anselmo existe um belo texto escrito por seu aluno Edmar. Neste texto, Santo Anselmo adverte um abade de que ele não deveria impor limites às crianças com ameaças e bordoadas, mas sim cercá-las de amor, com o bem, com o bem-estar e com carinho. Pois, de outra maneira, estaria semeando nelas apenas o ódio e o ressentimento. E ele utiliza a metáfora do artista que moldou uma bela figura de ouro: Vocês alguma vez já viram um artista que tenha moldado uma bela figura de uma barra de ouro ou de prata apenas com o cinzel? É difícil. Para modelar a barra corretamente ele a martela com sua ferramenta com cuidado, ele a aplana e a lustra com suave perseverança. Se vocês quiserem educar seus meninos dentro de princípios louváveis, precisarão dar-lhes na mesma medida a pressão da disciplina e o alívio da brandura e afabilidade paternas. Todo aquele que educa crianças ou jovens tem afinal uma tarefa de liderança. Sua liderança consiste em fazer com que deles emane a vida, e em transmitir-lhes a vontade de crescer dentro da imagem de Deus, a imagem que Deus depositou em cada um deles.

Hospitalidade

Os hóspedes dos quais o celeireiro deve cuidar representavam, tanto naquela época quanto hoje, aqueles que são destituídos de direitos. Ou seja, não se trata aqui das pessoas que têm títulos honorários e que se deixam paparicar nos mosteiros, mas sim dos hóspedes que também podem ser um peso, dos hóspedes que precisam de ajuda, das pessoas doentes e sedentas de dedicação e das pessoas que fazem perguntas e que com suas perguntas insistentes talvez sejam incômodas. Hoje, os hóspedes também representam os asilados e os estrangeiros, aqueles que ninguém gostaria de ter. Um mosteiro também deve estar aberto a estas pessoas. A hospitalidade é para Bento um bem elevado. O celeireiro deve sempre refletir como a hospitalidade poderia ser vista em nossos dias, para que realize o sentido que Bento deu a ela, o de que os destituídos de direitos e os apátridas, aqueles que não possuem mais raízes e também os que vivem à margem da sociedade, possam encontrar uma pátria, um lugar em que possam ser como são, em que sejam respeitados e honrados.

O que é válido para um mosteiro seria uma tarefa recompensante também para as empresas. Hoje em dia toda empresa deveria praticar a hospitalidade. Quando uma empresa integra colaboradores estrangeiros, quando respeita sua dignidade, é como se lhes desse um pedaço de terra natal, ela está praticando a hospitalidade. E os efeitos desta hospitalidade se farão sentir também na vizinhança. Nas proximidades de uma empresa como esta, os estrangeiros não se sentirão mais como estranhos, mas sim aceitos e acolhidos.

Responsabilidade diante de Deus

Para Bento, liderar consiste acima de tudo em aceitar a responsabilidade de servir às pessoas, de despertar-lhes vida. Bento lembra ao celeireiro que no dia do juízo terá de prestar contas por todas estas pessoas. Ele deve estar consciente de sua responsabilidade, da responsabilidade que assumiu principalmente pelos doentes e por aqueles que foram destituídos de seus direitos. Não se trata apenas de cumprir bem sua tarefa e de que com seu talento para liderar seja bem visto pelas pessoas, mas sim de ter uma tarefa a cumprir diante de Deus. E o importante é que ele seja bem visto diante de Deus. Diante de Deus ele é responsável pela maneira como lidou com as pessoas, se ele as serviu e despertou-lhes vida ou se as afligiu e paralisou e finalmente as impeliu em direção à morte. Hoje em dia muitos empresários se queixam que os funcionários são complicados e que, na maioria das vezes, liderá-los é um fardo. Em seu treinamento, o Sr. Schürmeyer nos transmitiu repetidas vezes que este tipo de queixa é apenas a confissão da falta de liderança. Pois, se não existem problemas, não há necessidade de nenhum líder. O líder tem exatamente a tarefa de colocar-se frente aos problemas e de resolvê-los. Bento não permite ao abade e também ao celeireiro que se queixem de como a comunidade é difícil. Ele lhes relembra a responsabilidade de despertar vida, principalmente nos irmãos e nas irmãs que são difíceis. Eu já percebi muitas vezes que isto nem sempre é fácil. E algumas vezes também conheço a resignação: "Eles que se remoam com seus próprios problemas". Porém, eu sinto que este tipo de resignação é apenas negação da liderança. É então que a admoestação de São Bento me desperta para o fato de que tenho de prestar contas diante de Deus por aqueles que Ele me confiou, que exercer ou não exercer a liderança é uma questão de minha vida espiritual.

4
De como lidar com as coisas

Após descrever a liderança como um serviço prestado às pessoas, Bento volta-se para o modo de lidar com as coisas concretas:

> Veja todos os objetos do mosteiro e demais utensílios como vasos sagrados do altar. Nada negligencie. Não se entregue à avareza, nem seja pródigo e esbanjador dos bens do mosteiro; mas faça tudo com medida e conforme a ordem do Abade (RB 31,10-12).

O respeito para com as coisas

Em suas conhecidas palavras sobre os vasos do altar, Bento refere-se à profecia do Profeta Zacarias, que diz: "Naquele dia estará escrito sobre as campainhas dos cavalos 'consagrado ao Senhor', e as panelas no templo do Senhor serão como vasos de aspersão diante do altar. Toda panela em Jerusalém e em Judá será consagrada ao Senhor" (Zc 14,20).

Bento interpreta esta profecia, dando-lhe o sentido de que no trato do celeireiro com os utensílios do mosteiro (*vasa* = utensílio, louça, utensílios agrícolas, móveis, etc.) e com o patrimônio (*substantia* = posses, acervo, patrimônio financeiro), não haveria mais nenhuma diferença entre o sagrado e o profano. Isto demonstra mais uma vez que Bento vê o serviço de liderança como uma tarefa espiritual, como um serviço sacerdotal. O trato das coisas com cuidado e respeito é como o serviço sagrado do altar. Todos os recursos, não importa se forem os utensílios da cozinha ou as máquinas que são necessárias às empresas, devem ser tratados como os vasos sagrados do altar. Todos os recursos são dádivas de Deus, todos são preenchidos pelo bem e pela sabedoria de Deus. E o patrimônio (*substantia*) de um mosteiro não é apenas também alguma coisa exterior. Não se trata aqui apenas de conseguir muito dinheiro e aplicá-lo. Pelo contrário, trata-se de que tudo que o mosteiro possui pertence a Deus. E por este motivo o líder tem de tratar tudo com cuidado e respeito. Aqui a propriedade não é depreciada. Aqui não se trata da pobreza como um ideal de vida, mas sim do respeito a tudo que Deus nos concedeu. O objetivo dos bens é nos dar tranquilidade. Porém, ao nos concentrarmos apenas na possibilidade de aumentá-los cada vez mais, podemos, muito facilmente, nos tornar possuídos pela riqueza. Então somos dominados pela cobiça, que para os monges de outrora é um dos três defeitos fundamentais. Não se trata de cobiça, mas sim, acima de tudo, de respeito aos bens, do respeito ao que pertence ao mosteiro. O respeito relativiza nossa cobiça por posses. Ele exige um trato cuidadoso e não um trato ganancioso e avarento. O respeito diante das coisas corresponde à contemplação da natureza, como foi descrita por Evágrio Pôntico. É próprio da contemplação que eu veja as coisas da forma como elas são, que eu veja em tudo o próprio Deus como a origem. E pertence à contemplação o trato cuidadoso com as coisas, nas quais ao final acabo tocando o próprio Deus, cujo espírito penetra todas as coisas.

A maneira espiritual de lidar com o dinheiro

São Bento mostra por meio de alguns verbos como o celeireiro deve conviver concretamente com os recursos de um mosteiro: ele não deve negligenciar nada (*neglere*). *Neglere* significa na verdade a recusa a acumular ou a selecionar. Também significa não respeitar. Negligenciar quer dizer lidar com as coisas sem cuidado. Ele deve conviver com os recursos do mosteiro e com o patrimônio de maneira cuidadosa. Muitas vezes me é doloroso ver a maneira não profissional como os responsáveis na igreja ou nas comunidades eclesiásticas lidam com o dinheiro; sem refletir suficientemente sobre uma maneira de como aumentar o patrimônio. Não raro, o medo e o falso moralismo têm aqui um papel importante. A maneira de Bento lidar com as coisas e com o dinheiro está livre de temores moralistas desse tipo. Ele vê em tudo a criação divina. O patrimônio também é algo que foi confiado por Deus aos monges. Por este motivo eles precisam conviver com o patrimônio de maneira cuidadosa e atenta, sem se tornarem avarentos. A avareza vem da cobiça. O avaro é ao mesmo tempo o ganancioso, o insaciável, aquele que jamais pode satisfazer-se, que agarra tudo e se apega aos seus bens. Lidar de modo correto com o patrimônio significa também dividi-lo com os pobres, não acumulá-lo, mas sim colocá-lo a serviço das pessoas. O líder não deve dissipar ou esbanjar o patrimônio. Ele deve ser comedido, deve fazer tudo na medida certa (*mensurate*). Isto é exatamente o mais importante no trato com o dinheiro.

O dinheiro tem em si mesmo a propensão de apoderar-se totalmente de nós. Ou nós jogamos dinheiro pela janela para nos ufanarmos de possuí-lo ou nos sentamos sobre ele e nos apegamos medrosamente a ele. Estaríamos com certeza seguindo o pensamento de Bento, se hoje em dia repensássemos como poderia ser possível uma maneira espiritual de lidar com o dinheiro. Nos dias atuais vejo com muita frequência justamente nos mosteiros uma maneira de lidar com o dinheiro que nada tem de espiritual. O dinheiro é usado como instrumento de poder. As pessoas tornam-se dependentes financeiramente do celeireiro. Elas precisam pedir dinheiro de maneira humilhante. E assim aquele de quem o celeireiro não gosta recebe como resposta: "Nós não temos dinheiro". "Nós temos de economizar". E aquele que o adula recebe tudo "de mão beijada". O dinheiro é ostentado. São edificadas construções caras, gasta-se mais do que o necessário para gabar-se diante dos outros. Neste caso o dinheiro serve ao prestígio individual. Como a pessoa não encontra sua razão de ser em Deus, precisa autoafirmar-se por meio de suas finanças e exibir-se por meio de uma ostentação financeira excessiva. Ou então tem medo de perder sua riqueza e por isto aplica o dinheiro em operações mais do que seguras, que porém não trazem nenhum resultado. Aquele que deseja aumentar seu capital também tem de correr o risco de perdê-lo. Até mesmo Jesus aludiu a esta sabedoria na Parábola dos Talentos. Nesta parábola os dois primeiros servos são elogiados por haverem duplicado o dinheiro que lhes foi confiado, enquanto que o terceiro servo, que por temor enterrara o talento que lhe foi dado, é atirado às "trevas mais profundas" (cf. Mt 25,14-30). Apenas aquele que arrisca alguma coisa pode ganhar algo. Quem enterra seu dinheiro expressa por meio desta atitude que desconfia de Deus, que se apega demais à sua própria infalibilidade e que está preso em seu próprio perfeccionismo. Jesus não enaltece o desempenho dos dois primeiros servos, mas sim sua confiança. Lidar com o dinheiro com confiança; para mim é nisto que consiste o trato espiritual com o dinheiro. Confiança significa arriscar alguma coisa, porém não exceder no risco. Se alguém tem sucesso com suas aplicações financeiras, também pode facilmente superestimar-se e exagerar no risco. Então será como cair num sorvedouro, que o suga e o leva à ruína. Eu vejo as pessoas, para as quais tudo que importa é o seu dinheiro, como fúteis e vazias. Aquele que é possuído apenas pelo desejo de aumentar seu capital deixa de fora áreas fundamentais de sua existência humana. Eu percebo que não converso com prazer com este tipo de pessoas. Elas irradiam alguma coisa desagradável.

Eu observo que algumas pessoas da Ordem disfarçam seu medo de correr risco por meio de exigências morais como, por exemplo, a de que só se poderia aplicar dinheiro onde se pudesse estar seguro de que as pessoas saberiam lidar com ele corretamente. É certo que justamente no trato com o capital a ética econômica seja questionada. Eu devo refletir bastante sobre como e onde investir o meu dinheiro. No entanto, eu vejo o perigo de que hoje em dia as pessoas demonizam demais o dinheiro e imputam imediatamente aos bancos a culpa por lidar de modo errado com ele. No entanto, se nós mesmos não aplicarmos nosso dinheiro, concederemos aos bancos a liberdade para que eles o usem em função de seus próprios interesses. No caso de algumas pessoas pertencentes à Ordem, temos a impressão de que elas se revoltam contra o fato de que o dinheiro, os juros de aplicações e as ações em geral existam. Para aceitar o mundo, eu preciso concordar com os contextos econômicos, pois isto pertence ao consenso mundial. Somente poderei influenciá-los de modo positivo se eu os aceitar. Se eu fugir disto para exibir minhas "mãos limpas", torno-me então culpado de fato. Pois então sobrecarregarei os outros com a minha falta de confiança. Exigirei demais de meus funcionários e lhes darei cada vez mais trabalho. Eu percebo como o rigorismo daqueles que são muito exigentes em relação a uma aplicação perfeita de seu capital se insinua também no trato com os colaboradores. Eles não percebem de modo algum como eles, que demonizam toda forma do poder, o exercem inconscientemente, e justamente aquele poder que não constrói, mas antes esmaga. É assim então que eles exigem demais de seus funcionários. E não são, na maioria, nada modestos quando se trata das próprias necessidades. Aqui percebemos como a sombra se faz notar e provoca apenas infortúnio. Se eu aplicar meu capital de maneira sensata, poderei aliviar meus funcionários de uma sobrecarga de trabalho e criarei um bom clima na empresa, sob o qual é possível trabalhar de modo mais efetivo do que sobre a pressão da escassez. Por este motivo, sempre considero lidar bem com o dinheiro também um serviço prestado às pessoas, um cuidado com as pessoas.

Em seu livro *Uma ética global para a política e a economia mundiais*, Hans Küng exigiu que os teólogos católicos, em sua luta contra as relações injustas, "não atuassem como fanáticos economicamente ingênuos, que envolvem a pobreza em uma auréola religiosa e desacreditam a riqueza de modo indiscriminado. Menos ainda como fanáticos devotos, cujo fervor encobre apenas a falta de competência econômica; que em seus sermões pregam, inúmeras vezes, a água para o mundo, mas que bebem vinho" (KÜNG: 315). Hoje em dia, devemos deixar-nos guiar por padrões éticos em nossas relações econômicas. No entanto, para Küng, exigências morais sem racionalidade econômica "não é nenhuma moral, mas antes moralismo", "não é ética, mas sim romantismo, uma representação de desejo mais ou menos piedoso" (p. 316). São Bento não moraliza. Ele aceita as relações econômicas, mas mostra um caminho de como eu devo em meio a este mundo lidar espiritualmente com o dinheiro e com a propriedade. Este caminho me parece ser hoje muito mais viável do que um enaltecimento romântico da pobreza. Como celeireiro vi muitas vezes que aqueles que têm a pobreza como bandeira na maioria das vezes são muito exigentes e fazem reivindicações maiores do que aqueles que se adaptam de modo prático à economia. Eu só saberei o que são padrões éticos se me esforçar para pesquisar a fundo as relações econômicas. Assim, com certeza, é sensato apoiar fundos de ações éticos. Pois, para algumas empresas, a satisfação de princípios éticos é um estímulo. As ações de fundos éticos têm, por exemplo, alcançado substancialmente maior rentabilidade do que os fundos de ações ecológicas, que na maioria das vezes são estabelecidos por empresas que se engajam na defesa do meio ambiente, mas que também se identificam por meio de métodos sem consideração para com seus colaboradores. Os padrões éticos da economia têm de levar em consideração todas as áreas da vida humana: a maneira de lidar com a natureza, a estrutura da empresa, a forma de comunicação, o respeito diante de cada um de seus funcionários, a convivência com os concorrentes e com os fornecedores. É interessante notar que a BMW corresponde a estes padrões, enquanto que a VW e os gigantescos laboratórios farmacêuticos suíços Roche e Novartis não estão à sua altura.

Economizar é atualmente uma outra maneira de exercer a liderança. Sem dúvida é sensato lidar de modo econômico com os recursos de nosso mundo. Economizar tornou-se uma necessidade em nossa sociedade de abundâncias, para que as gerações futuras tenham ainda melhores condições de vida. Todavia, se a economia for feita acima de tudo às custas das pessoas, como é o caso da saúde ou da área da educação, isto me parece falta de responsabilidade. É possível também economizar até ao exagero. E este exagero é para mim expressão de falta de criatividade. Se eu quiser, também posso ganhar dinheiro de uma maneira sensata. Eu tenho apenas de deixar a minha criatividade predominar e desenvolver novos modelos de como ganhar dinheiro. Aquele que deseja ganhar dinheiro esmagando os outros, para mim não tem criatividade. E também só obterá sucesso por um curto período de tempo. Aquele que lida com dinheiro com criatividade não prejudica ninguém. Muito pelo contrário, os outros podem ganhar com isso. Aquele que ganha seu dinheiro apenas às custas dos outros, aquele que com o dinheiro apenas deseja eliminar seus rivais, este não lidera de fato. Ele precisa de vencidos para poder sentir-se vencedor. A arte de uma liderança real consiste para mim em ganhar, sem que com isso alguém tenha de perder. "A rivalidade é um veneno para a alma, ela gera medo e sepulta as relações interpessoais. Não existe nenhuma luta competitiva que seja sadia – ao fim tanto os vencidos quanto os vencedores são aniquilados" (SECRETAN: 214).

No meu entender, a convivência espiritual com o dinheiro, conforme sugerida por Bento em sua conhecida frase sobre os vasos sagrados do altar, consiste em três orientações:

Usar o dinheiro para servir às pessoas

O dinheiro deve servir às pessoas. Eu não posso exercer nenhum poder com o dinheiro, mas sim usá-lo para criar, nas pessoas, a possibilidade de desenvolver suas capacidades. Nos sonhos, o dinheiro simboliza com muita frequência as próprias possibilidades e forças. Eu lido com o dinheiro de modo espiritual quando possibilito com ele que as pessoas tenham oportunidade de ter um trabalho conveniente, quando lhes possibilito que continuem a sua formação, que esgotem suas próprias capacidades e quando lhes garanto espaço bastante para o lazer. Na minha opinião, a convivência espiritual com o dinheiro consiste em servir às pessoas e transmitir-lhes a vontade de viver. Não existe convivência espiritual com o dinheiro onde quer que se dependa dele, onde as pessoas, devido ao parco patrimônio financeiro, sejam por demais exigidas, onde o capital tenha o domínio. As pessoas devem estar no centro de tudo, e não o dinheiro.

A liberdade diante do dinheiro

O trato espiritual com o dinheiro é demonstrado na liberdade diante dele. Eu preciso lidar com o dinheiro, porém tenho sempre de libertar-me dele. Eu não devo deixar-me ocupar por ele. O dinheiro pode deteriorar o caráter. O dinheiro pode cegar diante dos verdadeiros valores da vida. O dinheiro pode servir para que nos escondamos atrás de uma máscara. Neste caso, o dinheiro será usado para erguer minha insuficiente autoestima. Eu me escondo atrás do dinheiro para desviar-me da verdade de minha própria existência. Eu preciso reconhecer todos estes perigos que o dinheiro carrega em si e libertar-me deles. A convivência espiritual com o dinheiro so sera bem-sucedida se eu analisar minhas paixões e não mais me deixar dominar pela cobiça e pela avareza, que estão presentes em todas as pessoas. Para Bento, o trato espiritual com o dinheiro consiste, acima de tudo, no comedimento. Eu preciso refletir sobre como aplicar bem o dinheiro. Todavia, eu não posso fazer tudo que é possível ser feito. Eu tenho de me restringir conscientemente. E acima de tudo, tenho de não me prender a ele. Se durante o horário das orações eu continuar a pensar em dinheiro, isto é sinal de que ele toma um grande espaço dentro de meu ser. Assumir um risco com consciência e deixar o resultado nas mãos de Deus é no meu entender expressão de liberdade interior diante do dinheiro. E apenas aquele que se tornou internamente livre do dinheiro, que não se deixa do-minar por ele, pode lidar com o dinheiro de modo es-piritual.

Conviver criativamente com o dinheiro

Lidar com o dinheiro de modo espiritual também significa para mim que eu conviva com o dinheiro com criatividade, que eu arrisque alguma coisa com confiança, sem exagerar o risco. Conviver com o dinheiro com criatividade significa, no meu entender, esgotar as diversas possibilidades de ganhar dinheiro. Eu posso ganhar dinheiro por meio da produção de algum produto que corresponda às necessidades das pessoas. Para isto eu tenho que refletir sempre se a minha empresa ou o meu mosteiro ainda produzem aquilo que é hoje realmente desejado e aquilo que de fato auxilia as pessoas. A produção não deve criar necessidades artificiais, mas sim servir às pessoas, para satisfazer suas necessidades. Lidar com o dinheiro de forma criativa é um segundo ponto de apoio para ganhá-lo. Para mim, esta maneira de lidar criativamente com o dinheiro consiste em explorar a situação da moeda e dos juros, em tomar créditos a juros baixos no mercado europeu como, por exemplo, em francos suíços, ou em ienes japoneses e reaplicá-los em melhores condições como, por exemplo, em títulos de dívida estrangeiros, em debêntures, seja em euros, em dólar ou em rand. Alguns moralistas veem nisto alguma coisa de indecorosa. Porém este é um ganho típico, sem que para isto haja um perdedor. Pois, quando tomo um crédito com juros baixos, eu o faço nos países que possuem bastante capital. E eu aplico este crédito a juros mais altos no país onde ele é necessário. Desta forma existe uma ajuda mútua. Em 1996, a Argentina ainda tinha de pagar 11% de juros, porque o risco de emprestar dinheiro a este país era muito alto. Hoje ela precisa pagar apenas 7%. Assim, se em 1996 alguém tivesse comprado títulos da dívida argentina a juros de 11,75%, não teria prejudicado este país, mas sim, em última análise, aproveitado a conjuntura econômica. Hoje a economia argentina está bem melhor.

Com a diferença de juros entre a aplicação e o crédito, é possível incentivar projetos, que não são rentáveis como, por exemplo, educação, cursos profissionalizantes ou projetos de desenvolvimento no Terceiro Mundo. Isto é para eu lidar com o dinheiro de maneira criativa. Em vez de lamentar a insuficiência de dinheiro, eu posso procurar caminhos para consegui-lo. É claro que "as árvores não podem alcançar o céu". Para isto precisamos ter muito fôlego e também a modéstia necessária, pois não é possível conseguir tudo que queremos. Para mim, aquele que por medo evita o risco e prefere mendigar o dinheiro a outros não sabe lidar espiritualmente com o dinheiro. E é justamente nos mosteiros que vejo esta maneira não espiritualizada de conviver com o dinheiro. Penso que ter criatividade no trato com o dinheiro significa influenciar a situação econômica mundial. E isto significa também aplicar em ações de empresas que tenham uma visão de futuro e que satisfaçam os padrões éticos. Somente me é possível interferir de modo positivo nos acontecimentos econômicos quando movimento alguma coisa com meus negócios financeiros. Se eu, ao contrário, me colocar sob uma perspectiva de moralização, não farei outra coisa a não ser procurar por culpados para provar a mim mesmo a minha própria inocência. Entretanto, é justamente ao ter as mãos supostamente limpas que me torno culpado.

5
A convivência com as pessoas

São Bento prossegue em suas instruções para o celeireiro:

> Tenha antes de tudo humildade e não possuindo a coisa com que atender a alguém, entregue-lhe como resposta uma boa palavra, conforme o que está escrito: "A boa palavra está acima da melhor dádiva". Mantenha sob seus cuidados tudo o que o Abade determinar, não presuma, porém, a respeito do que lhe tiver proibido. Ofereça aos irmãos a parte estabelecida para cada um, sem arrogância ou demora, a fim de que não se escandalizem, lembrando da palavra divina sobre o que deve merecer "quem escandalizar um destes pequeninos" (RB 31,13-16).

Uma boa palavra

Enquanto a atenção e o cuidado são as principais virtudes na convivência com as coisas, no tratamento com as pessoas Bento exige antes de tudo a humildade. Por humildade não deve ser entendido o diminuir-se ou o oferecer-se, mas sim *humilitas*, a coragem de posicionar-se diante de sua própria humanidade e de sua terrenidade. Aquele que conduz outras pessoas deve ter sempre em mente que também ele é apenas um ser humano, que ele veio da terra e que tem necessidades totalmente terrestres. Aquele que conhece seus próprios abismos nunca se colocará acima dos outros. Nunca os condenará; na verdade, não fará nenhum juízo sobre seu comportamento. Ele procurará conviver com os outros da mesma forma que convive consigo mesmo. A regra de ouro ("tudo o que vós quereis que os homens vos façam, fazei-o também vós a eles!" – Mt 7,12) torna-se o padrão de seu modo de agir. Ele tratará os outros da mesma forma como espera ser tratado. A regra de ouro é considerada em todas as religiões como norma do procedimento humano. No debate atual sobre uma ética adequada à economia, esta regra tornou-se em geral reconhecida como um dos princípios básicos das negociações econômicas.

A humildade como coragem de colocar-se diante de sua própria humanidade leva ao respeito e à amabilidade para com as pessoas. Bento acrescenta um pouco mais àquilo que ele já havia dado a entender anteriormente. O celeireiro não pode satisfazer a todos os pedidos que seus irmãos lhe dirigem. Pois os meios à sua disposição são limitados. Porém, a boa palavra não possui limites (*sermo responsionis bonus*) e esta ele pode dizer a todos. Conta-se a história de um monge que havia insultado um sacerdote pagão e o espancara quase até a morte. Quando um velho e sábio monge encontrou este sacerdote, ele o cumprimentou amigavelmente. De tão admirado com este comportamento, o sacerdote segue-o e torna-se também monge. A história termina com estas belas palavras: "Uma palavra má transforma também os bons em maus, uma palavra amigável transforma também os maus em bons". A palavra pode transformar uma pessoa. Palavras que magoam fazem as pessoas adoecer. Palavras que humilham têm como efeito um sentimento de nulidade. As palavras podem paralisar ou libertar, elas podem curvar ou erguer, podem desencorajar ou encorajar, ferir ou curar, matar ou dar vida. Por este motivo, o celeireiro deve prestar muita atenção às suas palavras. Ele não deve responder levado pelo aborrecimento ou pela decepção, mas sim ter sempre uma palavra amiga; deve responder com uma palavra que seja realmente uma resposta, que esteja totalmente envolvida com aquele que o interpelou. Muitos líderes não ouvem realmente nada do que lhes é dito. Eles não se interessam pelos problemas de seus colaboradores, mas utilizam-nos como ensejo para falar de si mesmos e de seus próprios problemas. Esta atitude não se expressa em palavras que edificam, mas sim em palavras que deprimem. Bento espera que com sua palavra amigável um líder possa fazer surgir o que há de bom nas pessoas.

Bento refere-se aqui à regra contida na Carta aos Efésios: "Não saia de vossa boca nenhuma palavra má, mas somente palavras boas, oportunas e edificantes, para fazer bem aos ouvintes" (4,29). Em grego fala-se aqui de edificação. A boa palavra deve edificar a pessoa em vez de demoli-la, erguê-la em vez de curvá-la. Construir significa na verdade: "crescer, progredir, formar, morar". A palavra que constrói permite que as pessoas cresçam. A partir de uma boa palavra o ser humano pode desabrochar, crescer em direção à imagem que Deus fez dele. E ele encontra um espaço onde pode residir. Em uma boa palavra é possível viver como em uma casa, é possível encontrar a terra natal. Uma boa palavra é um espaço de vida salutar para a pessoa. A Carta aos Efésios fala ainda de um segundo efeito que a boa palavra exerce sobre a pessoa: que ela "faça bem" (= *charin didonaî*). Ela deve ofertar-lhe misericórdia, dedicação, carinho, amor. Meu amor alcança o outro por meio da palavra e o coloca em contato com o amor que dormita em seu coração e que espera apenas ser despertado por uma boa palavra. O Sirácida, ou Eclesiástico (18,17), já se referia ao valor de uma boa palavra em comparação a um presente bom: "Por acaso a palavra não é mais valiosa do que um presente? A pessoa bondosa combina os dois". Bento bebe aqui da sabedoria contida tanto no livro do Eclesiástico como também na filosofia helenista. As frases de sabedoria contidas neste livro poderiam ser aceitas do mesmo modo por qualquer outra religião. Elas exprimem a experiência dos seres humanos em todos os pontos da terra. Aqui, ao referir-se à tradição de uma sabedoria que une todas as pessoas umas às outras, Bento demonstra seu grande coração.

Assim, em sua convivência com as pessoas, o líder deve acima de tudo prestar atenção às suas palavras. Muitos líderes falam sem pensar no que dizem. Censuram constantemente seus colaboradores e com isto disseminam um clima negativo. Eles produzem no ambiente uma espécie de poluição espiritual. Em um ambiente assim, cada um é obrigado a ter medo de que o líder fale dele da mesma forma negativa que fala dos outros funcionários. Outros líderes, por sua vez, respondem aos colaboradores de forma irônica ou cínica e desta forma os desencorajam. Ou então não fazem nada mais do que criticá-los. Existem pessoas que não são capazes de fazer um elogio, que vêem nos outros apenas o que há de negativo. Que, quando chegam aos escritórios, não cumprimentam amigavelmente seus funcionários, mas antes veem de imediato que alguma coisa não foi feita da maneira correta. Estas pessoas sempre descobrem alguma coisa sobre a mesa que não deveria estar ali, ou algum erro de ortografia em uma correspondência. São fixadas na negação, e irradiarão em torno de si apenas a negatividade. A Carta aos Efésios refere-se à palavra má como uma palavra deteriorada e apodrecida (*sapros*), uma palavra que produz na pessoa um efeito de degeneração. Uma boa palavra atrai o que há de bom na pessoa. Ela sente-se bem ao ouvir uma boa palavra. Ela pode aceitar-se. Sua disposição torna-se positiva. E a partir desta disposição, ela pode também trabalhar bem. Aquele que tem a tarefa de liderar outras pessoas precisa acima de tudo dominar a arte de saber elogiar. Elogiar significa bendizer uma pessoa (*benedicere*), falar bem dela, seja com ela mesma ou com outra pessoa. Aquele que fala do que há de bom em alguém faz também com que esta qualidade se revele no outro. Com isto motivará seus funcionários muito mais do que por meio de críticas e de controle.

Nos tempos atuais, muitos executivos pensam que, antes de mais nada, devem controlar seus funcionários. No entanto, a empresa daquele que deseja controlar tudo acabará com toda certeza fora de controle. Pois todo aquele sobre o qual se exerce um controle intenso desenvolverá uma força de oposição. Ele tentará usar sua energia para esquivar-se do controle. O controle pode até mesmo evitar erros, porém não desperta nenhuma vitalidade. A boa palavra, ao contrário, faz com que a vitalidade emane das pessoas. A Carta aos Efésios cita dois efeitos primordiais da boa palavra: ela edifica e mostra dedicação e carinho. A boa palavra não edifica apenas a pessoa a quem se dirige, mas também contribui para a construção de uma boa atmosfera de trabalho e para a construção da empresa. É como um fundamento sobre o qual a empresa pode ser erigida. E a boa palavra é um sinal de dedicação, de um dirigir-se ao indivíduo de modo carinhoso. Aquele que vivenciou este tipo de dedicação também pode dedicar-se de todo coração ao trabalho. Aquele que experimenta rejeição não apenas se afasta das pessoas que o rejeitaram, como também de seu trabalho. Ele está tão ocupado consigo mesmo e com sua mágoa que não pode envolver-se com o trabalho.

Não se intrometer em tudo

O próximo parágrafo nos leva a crer que Bento possa ter tido experiências negativas com o administrador do mosteiro. O celeireiro deve ocupar-se daquilo que o abade lhe ordenou e não se intrometer em tudo. Existem líderes que metem seus narizes em tudo. Eles pensam que são responsáveis por tudo. Não se contentam com suas próprias tarefas e atrevem-se a dizer sua opinião a respeito dos diversos setores da empresa e a interferir em áreas que não são de sua competência. Tudo que conseguem com isto é apenas a desordem. Bento não pensa certamente em que o celeireiro não deva ver o conjunto. Ele deve sempre cumprir sua tarefa dentro do contexto de todo o mosteiro. Ele deve ver além da borda do prato em que suas tarefas são servidas. No entanto, não lhe é permitido intrometer-se em tudo e criar um governo contrário. Em muitas empresas, os gestores constroem um poder interno do qual tiram proveito em todos os setores. Assim, de maneira aplicada, eles colecionam informações de todas as áreas para utilizá-las contra seus rivais, tão logo surja uma oportunidade. Fazem seu jogo em todo lugar. Isto bloqueia o trabalho efetivo. Aquele que lidera também deve poder ser desprendido. Deve contentar-se com a tarefa que lhe foi confiada. Se ele a realizar bem contribuirá para a construção de toda a empresa. Se, porém, preocupar-se permanentemente com o trabalho dos outros, apenas colocará areia na engrenagem. E, ao apontar aos outros departamentos as faltas que cometem, desvia-se muitas vezes dos erros de suas próprias ações.

Passar adiante as informações

Mais uma vez, Bento volta a falar da convivência com as pessoas. O celeireiro deve oferecer aos irmãos a parte estabelecida para cada um, sem arrogância ou demora. A parte estabelecida para cada um é nos dias atuais uma metáfora para o salário que a empresa paga ao trabalhador. Porém pode ser entendida também como metáfora das informações que são passadas pelo líder aos seus colaboradores; do tempo para conversas, que ele deve dividir com seus funcionários. O líder alimenta seus colaboradores por meio da atenção com que os escuta e do valor que lhes dá; por meio do respeito e da discrição e, ainda, por meio da consideração. E somente um estilo de liderança que alimente os colaboradores em vez de sugá-los é a longo prazo "nutritivo" para todos. A amabilidade e a consideração são vistas hoje em dia como métodos importantes para o exercício da liderança. "Os maus modos envenenam a atmosfera no trabalho, e a alma torna-se doente, a amabilidade é um dos mais efetivos antídotos, um comportamento amável é um bálsamo para a alma" (SECRETAN: 112). Os colaboradores esperam que seu líder os leve a sério, que ele os escute com atenção quando lhe falam de seus problemas, que ele respeite a sua dignidade e se preocupe em saber como eles realmente se sentem.

Consideração

O importante é que o executivo não olhe os seus funcionários do alto de um pedestal. Ele não pode colocar-se acima deles e fazê-los sentir que lhes é superior. O líder não deve deixar que seus colaboradores sintam o seu poder. Não deve tratá-los com superioridade, mas sim com modéstia, de modo a mostrar-lhes que lhes tem consideração. Não se trata de ser arrogante, mas sim de ser humilde. A arrogância faz com que se ande de nariz empinado, com que a pessoa se coloque acima das outras. Muitas pessoas sentem-se rebaixadas, humilhadas e menosprezadas por seu líder. Este sentimento paralisa e gera raiva inconsciente. Mesmo inconsciente, esta raiva bloqueia o trabalho conjunto e reúne forças desagregadoras. Armazenadas deste modo, estas forças já não estão mais à disposição da empresa. Deixar os colaboradores à espera consiste em uma das maneiras de tratá-los com superioridade. A pontualidade é a virtude dos reis, diz um ditado. O rei não deixa que seus súditos esperem. Ele os respeita no momento em que se atém ao horário combinado. Ao que parece, nos dias atuais, muitos líderes já não possuem esta virtude. Eles demonstram sua importância ao deixar que seus funcionários esperem o máximo de tempo possível. Alguns políticos têm por princípio chegar bem tarde, assim como alguns bispos e alguns líderes. Sim, existem métodos bastante incorretos, tais como deixar os colaboradores esperando de propósito e até mesmo observá-los com câmeras de vídeo. Se o líder deixar o seu colaborador aguardar por um longo tempo na sala de reuniões, gerará com isto uma grande tensão. Ao agir desta forma ele poderá observar quem está conformado, quem se rebela, quem se atreve a criticar o líder. Por meio desta espera fatigante o líder consegue impor de modo mais fácil ao colaborador aquilo que deseja. No entanto, um estilo de trabalho assim tão injusto não vale a pena. O desrespeito ao colaborador em breve levará ao desrespeito ao líder. O líder poderá talvez ser temido, mas não respeitado. Algum dia as pessoas voltarão suas agressões contra ele e puxarão o seu tapete ao menor sinal de falha. Não é sem razão que Bento diz que o abade deve procurar "ser mais amado do que temido" (RB 64,15). Aquele que na empresa apenas gera o medo paralisa seus colaboradores. Não se medem esforços para atender às solicitações de um líder de quem se gosta. Aquele que é temido é abandonado à própria sorte.

Não melindrar

O celeireiro não deve escandalizar seus irmãos (*non scandalizentur*). Bento cita aqui uma passagem da regra da comunidade, como está no evangelho de Mateus: "Aquele que escandaliza um destes pequeninos que creem em mim, melhor seria que lhe fosse amarrada ao pescoço uma pedra de moinho e que o atirassem ao fundo do mar" (18,6). Os pequeninos a quem Mateus se refere são os próprios cristãos. Ou seja, são os simples trabalhadores, que não fazem *lobby* por si mesmos. É a estes que os líderes devem tratar com o mesmo respeito que é devido àqueles que estão na posição mais alta na hierarquia da empresa. A palavra latina *scandalizo* significa na verdade armar ciladas. Quando o celeireiro deixa que seus irmãos esperem ou quando os trata com superioridade, lhes arma uma cilada. Ele faz com que caiam na cilada da contrariedade e com isto exerce poder sobre eles. Pois, aquele que se aborrece comigo, tem seu humor comandado por mim, precisa pensar em mim durante todo o seu dia. Para alguns líderes representa uma satisfação interior irritar seus funcionários, demonstrar-lhes o seu poder. Quando deixam que os funcio nários ou também os clientes fiquem à sua espera, eles lhes dão a entender que na verdade lhes fazem um favor ao conceder-lhes seu tempo. Entretanto, um comportamento deste tipo gera naquele que tem de esperar uma ira inconsciente, ou ainda resignação, ou o sentimento de dependência. Por meio da espera não se desperdiça apenas um tempo precioso. O grau de motivação para usar o próprio tempo a favor da empresa diminuirá. E este comportamento será passado adiante àqueles que estão abaixo dele. É então que cada departamento deixará o outro esperar e desta forma mostrará seu poder. Alguns chegam atrasados às reuniões gerais e desta forma chamam toda a atenção para si mesmos. Com isto armam uma armadilha para os outros. Um bom líder percebe que este comportamento é um estratagema e o evita. Ele inicia as reuniões pontualmente. Aquele que chegar atrasado é culpado do próprio atraso. O grupo não concede ao líder o poder de fazer-se esperar. No entanto, os colaboradores pouco podem contra o fato de terem de esperar pelo líder. Por este motivo, é muito injusto irritá-los com a espera e com isto armar-lhes uma armadilha que os mantenha presos a uma raiva inconsciente.

Dar asas à alma

O que Bento diz sobre a convivência do celeireiro com as pessoas é desenvolvido nos dois capítulos sobre o abade. É lá que toda a sua sabedoria sobre liderar pessoas se torna visível. Desta forma, gostaria de citar alguns parágrafos do capítulo 2 e do capítulo 64, que se referem acima de tudo ao convívio com as pessoas para completar os princípios de liderança contidos no capítulo sobre o celeireiro.

No capítulo 2 está escrito a respeito do abade:

> E saiba que coisa difícil e árdua recebeu: reger as almas e servir aos temperamentos de muitos; a este com

carinho, àquele, porém, com repreensões, a outro com persuasões segundo a maneira de ser ou a inteligência de cada um, de tal modo se conforme e se adapte a todos, que não somente não venha a sofrer perdas no rebanho que lhe foi confiado, mas também se alegre com o aumento da boa grei.

Antes de tudo, que não trate com mais solicitude das coisas transitórias, terrenas e caducas, negligenciando ou tendo em pouco a salvação das almas que lhe foram confiadas, mas pense sempre que recebeu almas a dirigir, das quais deverá também prestar contas. E para que não venha, porventura, a alegar falta de recursos, lembrar-se-á do que está escrito: "Buscai primeiro o reino de Deus e sua justiça, e todas as coisas vos serão dadas por acréscimo"; e ainda: "Nada falta aos que O temem" (RB 2,31-36).

A tarefa de liderar exige muito conhecimento sobre o ser humano. E exige também flexibilidade. Para Bento, a liderança significa reger as almas (*regere animas*). Ou seja, não se trata de empurrar as pessoas para lá e para cá, utilizá-las como força de trabalho, mas sim de satisfazer-lhes a alma. Para reger as almas eu devo prestar atenção ao interior das pessoas, devo atentar para a imagem original e única que Deus fez de cada uma delas para si. Eu devo conviver com as pessoas de maneira que elas possam tornar real sua imagem pessoal original, que possam viver da maneira que Deus espera delas. Uma liderança, de fato, consiste em abordar a alma de uma pessoa e dar-lhe asas. Quando a liderança despreza ou oprime a alma, impede que jorre de sua fonte interior, de sua imaginação, o desejo de trabalhar e a criatividade. Abordar a alma significa criar um espaço para a criatividade, criar um "santuário", como é chamado por Secretan. "Os líderes que desejam libertar a alma por meio da criatividade precisam criar um 'santuário', no qual as tentativas que não deram certo não sejam punidas, mas sim avaliadas como uma experiência útil" (SECRETAN: 262). Ele apresenta aqui o exemplo da Chrysler, uma grande empresa que fabrica automóveis. O líder, Lee Iacocca, incentivou e possibilitou que Hal Sperlich, o inventor do minicarro, produzisse seu invento. Sperlich havia tentado em vão durante dez anos que a Ford, empresa concorrente, produzisse seu invento. Quando Iacocca o levou para trabalhar na Chrysler e lá recebeu o apoio apropriado, a empresa ganhou um impulso de inovação tão grande que a empresa cresceu e as ações dispararam. Levar em consideração a alma, trouxe para a Chrysler mais lucro do que as estratégias anteriores, que se fundamenta-vam apenas na cautela e em cálculos exatos.

Engrandecer a vida

Bento determina que o abade sirva aos temperamentos de muitos, que se relacione com cada um individualmente. Liderar significa para mim que eu deva meditar o indivíduo, refletir sobre as capacidades que possui, sobre quais são as suas limitações e os seus riscos, sobre o que pode incentivá-lo e o que pode atrapalhá-lo. Desta forma, o abade precisa adaptar seu comportamento à maneira de ser ou à inteligência (*intelligentia*) de cada um. O objetivo é fazer com que tanto o indivíduo quanto a coletividade possam crescer. Bento fala aqui de *augmentatio* e mostra com isto o que ele entende por autoridade. A palavra autoridade deriva da palavra latina *augere*, que por sua vez significa fazer crescer, provocar aumento, engrandecer. O abade deve incentivar o crescimento dos indivíduos, deve fortalecer a vida em cada um deles e na comunidade. Nosso abade, no Mosteiro de Münsterschwarzach, tem grande interesse em que cada um receba uma boa formação e que também possa aperfeiçoar-se constantemente. Isto traz novas ideias para dentro da comunidade e a longo prazo também apresenta um efeito financeiro positivo. É pena que estes princípios não sejam adotados em todos os mosteiros. Em alguns deles os superiores utilizam os irmãos apenas para "tapar buracos", em vez de fazê-los crescer. Engrandecer significaria colocar à disposição dos colaboradores espaço suficiente para que se aperfeiçoem e criar-lhes uma atmosfera em que lhes seja possível concretizar suas capacidades da melhor maneira. A longo prazo isto também trará benefícios para a comunidade. É claro que não se trata aqui de que o indivíduo pense apenas em si mesmo. O crescimento só tem sentido quando crescemos em conjunto, quando o incentivo de um indivíduo é bom para todos.

Não sobrecarregar

O ser humano é mais importante para Bento do que o sucesso econômico. Com muita frequência, as empresas colocam o homem abaixo do sucesso. Bento recomenda expressamente ao abade que não permita que o pouco rendimento do mosteiro se transforme em razão para sobrecarregar as pessoas e não atentar para sua integridade. Para Bento, a felicidade, a integridade e o bem-estar do indivíduo estão acima do sucesso. Eu tenho observado que existem mosteiros que, por apresentarem um baixo rendimento, exigem demais das pessoas. É, assim, todos precisam trabalhar muito, para que o mosteiro seja rentável. No entanto, este desrespeito ao indivíduo não leva ao sucesso financeiro. Pelo contrário, quando o indivíduo é exigido ao extremo, a longo prazo não será possível alcançar nenhuma situação financeira saudável. Também aqui o princípio espiritual da liderança e da administração é mais uma vez demonstrado claramente. Se o abade buscar em primeiro lugar o reino de Deus, saberá lidar com a administração de modo correto e todo o resto lhe será dado. Isto não é nenhuma desculpa barata. Refere-se muito mais à experiência. Aquele que busca realmente a Deus também saberá conviver com o mundo do modo certo. Aquele que teme a Deus também saberá tratar as pessoas com respeito e não sofrerá com a escassez. Quando uma comunidade possui um objetivo que a liberta, então também desenvolverá ideias de como trabalhar para obter sucesso econômico. Por meio da coação e de apontar o dedo indicador de modo moralista, para que todos trabalhem mais, a fim de que a coletividade possa sobreviver, não é possível liderar de modo efetivo por muito tempo.

A prioridade do ser humano sobre todos os objetivos econômicos, sobre todos os ideais e todas as ideologias – aos quais nos subordinamos tantas vezes – é apontada por Bento também no capítulo 64: Que o abade

> odeie os vícios, ame os irmãos. Na própria correção proceda prudentemente e não com demasia, para que, enquanto quer raspar demais a ferrugem, não se quebre o vaso; e suspeite sempre da própria fagilidade, e lembre-se que não deve esmagar o caniço já rachado. Com isso não dizemos que permita que os vícios sejam nutridos, mas que os ampute prudentemente e com caridade, conforme vê que convém a cada um, como já dissemos; e se esforce por ser mais amado que temido. Não seja turbulento nem inquieto, não seja excessivo nem obstinado, nem ciumento, nem muito desconfiado, pois, nunca terá descanso; seja prudente e refletido nas suas ordens, e quer seja de Deus, quer do século o trabalho que ordenar, faça-o com discernimento e equilíbrio, lembrando-se da discrição do santo Jacó, quando diz: "Se fizer meus rebanhos trabalhar andando demais, morrerão todos num só dia." Assumindo esse e outros testemunhos da discrição, mãe das virtudes, equilibre tudo de tal modo, que haja o que os fortes desejam e que os fracos não fujam (RB 64,11-19).

Amar as pessoas

Neste trecho são descritos princípios importantes para a liderança de pessoas. Vale citar a seguir as palavras que Bento formulou com referência a Santo Agostinho, ao dizer que o abade deve odiar os vícios e amar seus irmãos. Não se trata aqui de um estilo *laissez-faire* de liderança. Pois isto seria um sinal de fraqueza. No entanto, o abade tem de distinguir de modo preciso entre pessoas e coisas, entre aquilo que não está correto e a pessoa que é comandada pelo mecanismo do mal e se deixa levar na direção errada. Sempre é preciso também que o líder ame a pessoa a quem repreende, seja qual for o tipo de repreensão a ser feita. Ele precisa confiar que aquele que é repreendido não quis fazer o mal e que falhou apenas por ignorância. Todavia, apenas o amor não é suficiente para liderar pessoas. O amor precisa ser combinado com a prudência. O líder não pode exagerar. Nada em demasia (*ne quid nimis*), nos diz o ditado popular. O líder precisa da sabedoria do povo. O povo sabe que o excesso só prejudica o a pessoa. Segundo os monges, todo exagero viria dos demônios. Aquele que quer corrigir demais apenas piora. Aquele que repreende com muito rigor acaba ferindo a pessoa. O psicólogo Paul Watzlawick fala do princípio "sempre mais da mesma coisa", que cria mais problemas do que os soluciona. Se eu sempre exigir mais desempenho, mais rapidez, mais aumento da produção, mais vendas, acabarei por provocar um colapso total.

Ser médico

Bento traz aqui a metáfora do vaso que se quebra, quando se quer raspar demais a ferrugem. Bento associa esta metáfora da sabedoria popular à metáfora bíblica sobre o comportamento de Jesus, citado por Mateus e tirado do livro de Isaías. Nas muitas curas que Jesus realizou cumpre-se o que Isaías profetizou sobre o servo de Deus: "Ele não quebrará o caniço rachado, nem apagará o pavio que ainda arde" (Mt 12,20). Assim, o abade é comparado ao médico que foi Jesus, àquele que tem a capacidade de curar os outros. Liderar também tem a ver com curar. Aquele que conduz outras pessoas deve fazê-lo pelo seu bem. Ele deve conduzir de forma que os outros encontrem sua integridade, renunciem à sua desagregação interior e possam viver e trabalhar na comunidade como seres íntegros. Aqui se torna visível um fundamento importante do modelo beneditino de liderança. Liderar é aqui comparado à maneira de agir de Jesus. Como Jesus, um líder deve confortar as pessoas, encorajá-las, torná-las saudáveis. Liderar e curar são vistos aqui como conceitos associados um ao outro. Isto é uma grande pretensão. No entanto, a maneira de liderar tem muita influência sobre aqueles que são liderados, seja ela uma liderança que torna doente ou que cure, seja ela aviltante ou construtiva. Por este motivo, para Bento, a última responsabilidade que um líder deve ter em relação a seus colaboradores é a de torná-los saudáveis. A cura pode realizar-se quando o líder designa a seu colaborador um trabalho que lhe dá prazer na vida. Um trabalho que seja prazeroso tem efeito salutar não apenas sobre a alma, mas também sobre o corpo. A cura pode realizar-se no momento em que o líder tenha respeito pelo seu colaborador, leve a sério os seus problemas, não mexa em suas feridas, coloque-se em seu lugar e reflita sobre o que poderia servir à sua vida. No momento em que o líder invoca vida e transmite alegria de viver, sua ação tem um efeito tão salutar sobre as pessoas com as quais convive como a ação do médico, que estabelece o diagnóstico correto e receita o medicamento apropriado. Um clima saudável na empresa, condicionado por uma boa liderança, pode ser um remédio benéfico para as muitas feridas que os colaboradores trazem diariamente consigo para a empresa. Por meio do desprezo e da humilhação, as feridas são constantemente reabertas e se alastram pela empresa como um tumor cancerígeno. Por este motivo, o líder tem uma grande responsabilidade pela saúde de seus colaboradores.

A fraqueza própria

Bento cobra do abade uma constante desconfiança a respeito de sua própria fragilidade. Ele conhece as inúmeras histórias sobre monges, entre elas a de um monge muito severo que, por ter agido de modo muito rígido com um jovem monge, que era atormentado por sua sexualidade, acaba por levá-lo ao desespero. Na maioria das vezes, revela-se então que aquele que repreende de maneira rigorosa não pode ele mesmo cumprir aquilo que exige dos outros. É fato comprovado que os grandes moralistas nunca agem da maneira que exigem dos outros. Por este motivo, o líder deve observar atentamente se ele próprio seria capaz de realizar aquilo que exige dos outros, ou corrigir-se. Hoje em dia existe uma disparidade enorme entre aquilo que muitos gestores exigem de seus funcionários e o seu próprio estilo de vida. No entanto, nenhum líder pode esconder de seus funcionários o modo como realmente vive. Em função da contradição existente entre a exigência e a realidade, os colaboradores se tornam decepcionados e desmotivados. Os funcionários se irritam, sobretudo quando um líder exige tudo deles e lida com eles de forma muito severa, porém permite tudo a si próprio e não respeita nenhuma moral. Se observarmos bem atentamente as pessoas que lidam de maneira tão rigorosa com as outras, descobriremos com muita frequência que elas usam de severidade para com os outros porque gostariam de esquecer suas próprias fraquezas. Se eu tiver consciência de minha própria fragilidade (*fragilitas* = debilidade, instabilidade), usarei de benevolência para com aqueles funcionários que houverem cometido um erro. Eu não me colocarei acima deles. Pois eu sei que também sou passível de erros. No entanto, eu não posso simplesmente soltar as rédeas. Eu não devo me deixar abater pelo pessimismo de que todas as pessoas são más por natureza e de que não se pode fazer nada contra comportamentos incorretos. Este tipo de lamúria não ajuda em nada e é apenas a confissão da falta de qualidade para liderar.

Confrontar-se com a verdade

Quando aos 32 anos de idade eu me tornei celeireiro, tive a impressão de que havia tanta coisa errada em nosso mosteiro que não seria possível mudar mais nada. Eu conversei muitas vezes com o Padre Richard, que havia sido diretor de uma grande empresa antes de entrar para o mosteiro, aos 69 anos. Ele nunca dera valor a este tipo de lamúria e pensava que tudo dependia da liderança. Liderar é moldar de forma ativa e liderar é acima de tudo dedicação. Se há muito com o que se aborrecer, na maioria das vezes isto é sinal de que os funcionários não se sentem respeitados, de que ninguém nunca se preocupou realmente com eles. Bento recomenda ao abade que não deixe os erros proliferarem. Ele não deve preparar nenhum solo fértil (*nutriri*) para as calúnias (*vitium* = ferimento, desonra, erro, vício, o mal) ao construir seu poder sobre intrigas ou informações que não sejam claras, ou ao incitar os funcionários uns contra os outros, para que ele próprio fique em uma boa posição. Se ele alimentar o mal, ao atiçar rivalidades entre os funcionários e falar mal deles, destruirá a comunidade. Isto desencadeará um movimento de declínio. Ninguém se esforçaria mais. Pois seria de qualquer modo indiferente de que forma cada um viveria. O abade fecharia os olhos diante da realidade. Em um clima tão destruidor como este se formaria um turbilhão, que arrastaria a todos vagarosamente para baixo. Em algumas empresas encontramos um pântano de emoções e intrigas, do qual jamais poderia sair algo de bom. Liderança significa agir sobre o erro e – como diz Bento – cortá-lo, amputá-lo. Ele se refere a uma erradicação verdadeira do erro, não apenas a uma repreensão moralizante sobre aquilo que não está correto. O abade deve cortar as raízes do erro e não apenas tratar de seus sintomas. Esta ação só poderá ser bem-sucedida se ele confrontar a coletividade com sua própria verdade e deixar que se aborde em conjunto o que cada um tem contra o outro. Apenas por meio da abordagem e da supressão dos mal-entendidos e conflitos será possível o surgimento de um clima em que as pessoas trabalhem umas com as outras, em vez de trabalharem umas contra as outras. No entanto, esta abordagem e amputação do erro e do vício devem acontecer com prudência e caridade. Em nossos dias existem muitas comunidades monásticas, mas também muitas empresas, que são incapazes de ter em conjunto uma conversa aberta sobre os verdadeiros problemas. Estas empresas não conseguem conversar de modo intcligcntc e gentil sobre si mesmas, mas apenas de maneira agressiva e ofensiva. Desta forma, cada um se recolhe dentro de si mesmo e busca olhar apenas para si próprio. Em uma atmosfera empresarial deste tipo não é possível que alguma coisa tenha êxito. E acima de tudo, em um clima no qual não existe diálogo, as pessoas adoecem. Por este motivo é necessário que o líder possua experiência em dinâmica de grupo, para que possa incentivar o diálogo dos colaboradores e desta forma construir o caminho da cura e da purificação da equipe.

Pensar com o coração

Por três vezes neste pequeno parágrafo Bento determina que o abade seja prudente. A palavra em latim, *prudentia*, é derivada de *providentia* (= prever, ver antecipadamente). O previdente vê além daquilo que está diante de seus olhos. Ele tem um horizonte amplo. Ele não tem seus olhos fixados sobre os erros, mas antes os vê em um contexto muito maior. Ele olha todos os lados da realidade e então decide com toda tranquilidade o que ele considera certo. Ele não age de forma apressada, mas sim a partir de uma tranquilidade ponderada. Ele se concede tempo para ouvir os argumentos daqueles a quem pretende corrigir. Ele não julga de imediato, mas antes observa a situação, sem fazer juízo de valor. O prudente tem uma sensibilidade apurada. E nada escapa a uma sensibilidade apurada. Aquele que não possui uma sensibilidade fina vê apenas a superfície, não percebe o fundo, a atmosfera na qual o erro pode originar-se. E o prudente pensa com o coração. Por este motivo, a prudência está sempre associada à caridade. O pequeno príncipe, de Saint-Exupéry, sabe que só é possível enxergar bem se for através do coração. Para poder amar uma pessoa e conviver bem com ela é preciso que eu veja o bem que há dentro dela, acredite nele e também o verbalize. Ao elogiar uma pessoa, desperto o bem que traz dentro de si. Se eu apenas me fixar no que há de negativo, serei como aquele que quer raspar constantemente a ferrugem do vaso sem perceber de modo algum que este possui uma parede muito fina que ameaça quebrar-se a qualquer momento.

O medo paralisa – o amor vivifica

A norma que determina que o abade deva almejar ser mais amado do que temido remete mais uma vez a Santo Agostinho, a quem Bento parece estimar muito. Alguns líderes pensam que para serem bons líderes é necessário que todos tenham medo deles. No entanto, o medo paralisa. Uma atmosfera de medo não favorece o amadurecimento de nenhuma ideia nova e impede que se trabalhe de modo criativo e efetivo. Pois cada um preocupa-se apenas em não cometer nenhum erro. O medo não une, separa. Cada indivíduo gira apenas em torno de si mesmo. Cada qual procura somente apresentar-se bem, para que não possa ser criticado. Aquele que tem medo atribuirá todo erro a outrem. Desta forma, cria-se um clima de desconfiança e de suspeita recíprocas. A atmosfera de *mobbing*, que na atualidade é bastante difundida em muitas empresas, origina-se em última análise no estilo de liderança exercido pelo líder. Aquele que quer ser temido pelos seus funcionários cria um clima de medo e de dissenção. Nesta atmosfera cada um combate o outro. O único interesse comum é a união contra os fracos. O fraco transforma-se no bode expiatório. No entanto, assim que este é abatido, busca-se o próximo. Jamais haverá uma atmosfera sob a qual o trabalho seja realizado com prazer. Pois cada um vive com medo de ser tachado como o próximo bode expiatório e então ser abatido. É assim que cada um procura adaptar-se, para não chamar a atenção sobre si mesmo. Em um tipo de clima conformista como este, quase 80% da energia é perdida na tentativa de garantir o emprego. E então não há mais nenhuma energia disponível para um trabalho efetivo e pleno de imaginação.

Enquanto o medo paralisa e divide, o amor une e cria uma atmosfera prazerosa de trabalho. Com sua determinação de que o abade deva aspirar a ser amado, Bento com certeza não quer dizer que ele deva querer ser benquisto em todo lugar e que force a intimidade. Isto seria um sinal de fraqueza. Se os colaboradores sentirem que o líder está preocupado em receber dedicação e ser elogiado, eles o desprezarão. O amor e o respeito fazem parte de um mesmo todo. O líder só será realmente querido se estiver em paz consigo mesmo e não depender de ser amado por todos. Pois se assim for, terá de conquistar este amor por meio de concessões e favorecimentos. No entanto, seus funcionários só poderão amá-lo se ele for livre, se ele próprio se dedicar a eles por amor. Aquele que dá amor receberá amor. Aquele que suborna para conquistar este afeto correrá inutilmente atrás dele. Em uma atmosfera de amor mútuo cada um trabalha por todos, não apenas para o chefe, mas também para o colega de trabalho ao lado. O amor produz a união de todos. Desperta o prazer em trabalhar. Aquele que trabalha com prazer, porque se sente respeitado e amado em seu trabalho, terá mais saúde e trabalhará motivado. Não se trabalha com prazer e não se faz nenhuma hora extra para um líder de quem se tem medo. Porém, quando se trata de um líder de quem se gosta não se olha para o relógio, e as pessoas se sentem comprometidas com o trabalho.

Encontrar a medida certa

Os comportamentos negativos que Bento deseja excluir no abade correspondem aos mesmos que já vimos no capítulo dedicado ao celeireiro. O abade não deve ser inquieto. O inquieto criará também em torno de si um clima de temor. A determinação de que o abade *non sit nimius* é interessante. Ele não deve exagerar na medida, não deve trabalhar demais, ser rigoroso demais, ser preciso demais, ser rápido demais. Com o "demais" ele desencoraja seus funcionários. Eles se sentem inferiorizados. Quando alguém desenvolve um comportamento de forma muito unilateral, o comportamento oposto é reprimido e por este motivo influenciará de maneira negativa o meio em que esta pessoa atua. O abade tem de encontrar em si mesmo a medida certa. Ele deve estar em equilíbrio entre diferentes inclinações e sentimentos. Aquele que é muito radical em sua posição de liderança também exigirá em torno de si comportamentos extremados e com isto desagregará seus funcionários. A unilateralidade do muito é sempre adquirida às custas do pouco. Aquele que quiser comandar deve conhecer suas contradições internas e mantê-las em equilíbrio.

Sem ciúme e sem desconfiança

Bento adverte o abade de que ele não deve ser ciumento nem desconfiado, senão jamais terá descanso. Se um líder tem ciúme daqueles que podem mais do que ele ou daqueles que são mais queridos pelos funcionários do que ele, não poderá aceitar ninguém. Eu conheço um diretor de uma clínica para doenças psicossomáticas que tem um ciúme doentio de todos os bons terapeutas. Se um terapeuta é mais estimado por um paciente do que ele próprio, ele se transforma em seu inimigo. Pois este terapeuta tira dele uma parte da afeição que ele reclama para si mesmo. Uma freira contou-me que sua superiora lhe fazia críticas severas sempre que o líder da instituição a elogiava. Ela precisava rebaixar-se para que a superiora não a humilhasse tão logo recebesse reconhecimento exterior. Isto a paralisou totalmente e tirou-lhe toda a disposição. A deferência que deu à superiora ciumenta custou-lhe mais energia do que a que despendia no trabalho com os pacientes. Não é possível trabalhar bem em uma atmosfera deste tipo. Pois nela não se é conduzido, mas sim tolhido. Um líder ciumento suga a energia de todos. A motivação desaparece. Nós nos sentimos sem força. O ciumento espalha amargura em torno de si. O veneno da amargura destrói a atmosfera de trabalho e torna os funcionários doentes. Aquele que quiser liderar deve livrar-se do ciúme. Apenas desta forma poderá aceitar os outros e alegrar-se com seu trabalho e com a energia que irradiam.

O mesmo sucede com a desconfiança. A palavra latina *suspiciosus* significa ver *sub specie*, colocar o olhar secretamente sobre algo, suspeitar. Eu não vejo o outro como ele é, mas sim através do prisma de minha suspeita, de minha desconfiança. E isto é loucura, uma fantasia doentia que fazemos do outro. Se eu olhar o outro através do ponto de vista ilusório de minha própria fantasia, verei fantasmas em todo canto. Em todos os lugares descobrirei intrigas contra mim, rejeição, crítica. E lutarei contra moinhos de vento, contra os delírios de minha fantasia doentia. Empregarei minhas energias procurando conter as supostas intrigas. Estes combates quixotescos consomem energia demais. Os funcionários de uma empresa contaram-me que em sua empresa mais de um terço da força de trabalho está comprometida em combates deste tipo por causa de desconfianças. Nesta situação, eu imagino o que o outro poderia pensar de mim. Existem pessoas cujo pensamento gira apenas em torno de saber o que os outros poderiam pensar delas e qual seria a melhor maneira de reagir a este julgamento. Aquele que constantemente se ocupa em imaginar o que os outros pensam dele não tem mais condições de formular pensamentos objetivos sobre seu trabalho. Ele é bloqueado em seu trabalho. Não pode dedicar-se às coisas e ordená-las de maneira condizente. Cada vez mais vê tudo sob a lente de sua desconfiança. E, neste caso, usa seu trabalho para rea-gir ao julgamento dos outros em vez de envolver-se de forma objetiva com as coisas como elas são.

Na opinião de São Bento, se o líder for determinado por estes pensamentos de ciúme e de desconfiança, jamais terá descanso. A paz é obviamente a condição para trabalhar bem. Aquele que vive todo o tempo desassossegado, preocupado com o que seus funcionários poderiam aprontar, jamais conseguirá realizar a tarefa que lhe foi realmente dada. Ele não dirigirá a coletividade, mas contaminará os outros com a sua ansiedade e semeará areia na engrenagem. Alguns gestores não podem prestar atenção ao que lhes é dito. Farejam uma afronta contra si em cada pedido de um funcionário. Não ouvem o que os outros dizem e imaginam imediatamente o que o outro poderia ter em mente. Em um clima como este, marcado pela intranquilidade e pela desconfiança, não há possibilidade para o surgimento de alguma coisa boa. Os colaboradores sentem a desconfiança. Eles sentem que o líder está ocupado apenas consigo mesmo, que ele não está verdadeiramente livre para dedicar-se a eles e aos problemas e para procurar soluções objetivas. E com isto o líder sobrecarregará a si mesmo. Neste caso, sua tarefa de liderar se tornará fatigante. Ele lutará em todas as frentes de batalha. Por outro lado, alguns líderes escondem-se atrás de sua agitação. Estão sempre ocupados para, com isto, evitar qualquer tipo de crítica. Os colaboradores têm a impressão de que o líder se sacrifica por todos, mas também de que está sobrecarregado e que jamais está tranquilo. De um líder deste tipo não pode partir nenhuma liderança verdadeira. O máximo que ele consegue gerar em seus funcionários é sentimento de piedade. Ou então ele tentará transmitir sua intranquilidade aos funcionários determinando-lhes novas estratégias o tempo todo. No entanto, os funcionários percebem rapidamente que estas mudanças constantes não advêm de uma visão clara, mas de sua própria inquietação. E por este motivo todas as tentativas de mudança acabam não surtindo efeito algum.

Discernir e manter as proporções

Para Bento, o dom do discernimento (*discretio* = discrição) é o pai de todas as virtudes. E é – principalmente para o abade – a condição de uma liderança inteligente e sensata. Para os monges de outrora, este dom era a qualidade essencial do acompanhamento espiritual. O dom do discernimento é um presente do Espírito Santo. Não é possível simplesmente aprendê-lo. No entanto, é possível exercitá-lo no momento em que a pessoa observa com exatidão em si própria seus pensamentos e sentimentos e aprende a diferenciá-los. *Discretio* significa, por fim, a diferenciação dos espíritos: o que corresponde ao espírito de Deus e o que corresponde ao espírito laico deste mundo? Quais pensamentos provêm de Deus e quais provêm dos demônios? Para os monges um critério muito importante é que apenas os pensamentos que vêm de Deus têm sobre a pessoa um efeito de paz profunda. Aquele que pode discernir também pode decidir. Não toma suas decisões segundo algum método, mas sim segundo seu dom de discernimento, baseado em sua intuição para o que é certo. As melhores decisões não são tomadas quando o líder trabalha todas as informações e pondera argumentos incontáveis, mas quando confia em sua intuição. Aquele que segue sua intuição sabe o que é certo. Como sua decisão foi tomada a partir de seu coração e não a partir de sua cabeça, ele não pode arrazoar com exatidão porque sua decisão é a correta. Ele simplesmente possui um tino interior para o que é certo. É isto que significa *discretio*.

Bento cita o exemplo de Jacó, que não queria extenuar seus rebanhos porque senão acabaria por dizimá-los. Aqui o dom do discernimento não está apenas atrelado a uma decisão nítida – a de não caminhar além do que fosse suportável para o rebanho – mas também à proporção certa. Por este motivo, *discretio* quer dizer as duas coisas: proporção e dom de discernimento. Nestes nossos tempos desprovidos de limites, faria particularmente muito bem a uma liderança se conhecesse as proporções certas para lidar com as pessoas. A longo prazo só é possível trabalhar bem e de maneira efetiva se soubermos manter a medida certa. O líder não deve fazer de seus próprios padrões um modelo para os outros. Alguns líderes transmitem todo o tempo a seus colaboradores a sensação de que estes trabalham muito pouco. Eles próprios trabalham sem interrupção e esperam inconscientemente o mesmo de seus funcionários. Liderança significa que eu reconheço e respeito o limite de cada indivíduo. No entanto, não poderei reconhecer este limite se eu não os estimular e deixar em paz. Pelo contrário, eu devo incentivá-los para que descubram o limite de sua capacidade de desempenho. Todavia, eu tenho de respeitá-los quando esbarrarem em seus limites. Neste caso, eu preciso ver que tarefas posso confiar a este funcionário dentro de suas possibilidades. Existem hoje em dia muitos funcionários que se impõem limites muito restritos por medo de serem exigidos em demasia. Eles se limitam em todo canto apenas para não ter muito o que fazer. Porém, isto não faz deles pessoas satisfeitas. Eu preciso ter ultrapassado minha medida pelo menos uma vez, para reconhecer onde se situa meu verdadeiro limite. Se eu nunca cheguei ao limite, também não posso saber do quanto sou capaz.

Equilíbrio entre forças e fraquezas

Bento une mais uma vez *discretio* e *temperare* ao escrever este pequeno parágrafo:

> Assumindo esse e outros testemunhos da discrição, mãe das virtudes, equilibre tudo de tal modo, que haja o que os fortes desejam e que os fracos não fujam (RB 64,19).

O dom do discernimento (discrição) deve conduzir a ordenar tudo de maneira correta e a guiar. A palavra *temperare* já significa em si mesma moderação, comedimento. *Temperare* deriva de *tempus* (= tempo, momento, instante). Tem origem na palavra grega *temno*, *tempo* (= cortar). Por este motivo, para Bento, liderar significa ordenar tudo na medida certa, deixar que tudo aconteça no tempo certo, no momento certo. Liderar tem a ver com organizar, dar forma. Eu devo modelar todas as coisas, na forma que melhor corresponder à realidade e dar-lhes o feitio que lhes foi pensado. *Temperare* também significa moderar e suavizar. Bento nunca entende a liderança como alguma coisa violenta, forçada; mas antes como algo que ameniza, que torna suave, que modela, que organiza, que leva ao feitio adequado.

No entanto, mesmo sendo brando, este modelar e organizar possui energia. Uma planta que cresce lentamente até adquirir a forma que lhe foi pensada também tem uma força colossal. Ela pode atravessar o concreto e continuar crescendo sem ser perturbada. A força da liderança mostra-se então no incentivo que é dado pelo abade aos membros fortes da comunidade. Não se trata aqui de nivelar os fortes e os fracos, mas sim de levar todos em conta. Os fortes devem encontrar o que procuram. Eles devem encontrar desafios para continuar a crescer, para medir cada vez mais suas forças e experimentar coisas novas. E os fracos não devem fugir desses desafios porque são muito difíceis. Para mim, esta frase encerra muita sabedoria. Se eu dividir os membros de uma comunidade em fortes e fracos, acabarei por desagregá-la. Se eu tratar a todos da mesma forma, enfraquecerei a comunidade, pois todos se orientarão na direção de seu membro mais fraco. O líder precisa satisfazer igualmente aos fortes e aos fracos. Antes de tudo, porque cada um de nós é, na maioria das vezes, ao mesmo tempo forte e fraco. Os fortes têm as suas fraquezas e os fracos têm os seus pontos fortes. Por este motivo, uns dependem dos outros. Bento coloca-se aqui em uma antiga tradição, na qual é considerada a relação dos fortes com os fracos uma coletividade. Os fortes devem carregar os fracos consigo. Basílio († 379) entende este carregar os fracos como "aceitá-los e curá-los". E ele cita e interpreta as Escrituras: "Ele suportou nossas doenças e tomou nossas dores para si. Não que ele mesmo as tivesse contraído! Ele as retirou de seus portadores e as curou" (HOLZHERR: 305). Os fracos são curados por meio da persistente resistência e da sanidade dos fortes. Suportar os fracos significa retirar deles suas dificuldades e levá-las embora. Isto parece ser um ideal muito alto, que exige demais dos fortes. No entanto, Bento nao quer exigir demais de ninguém. Ele apenas não quer que os fortes conduzam suas forças na direção errada. Se o forte se ocupar apenas em superar o fraco, a disputa se tornará entediante. E se apenas lutar com os fortes e deixar os fracos de lado, haverá uma luta sem fim, que comprometerá muitas energias. A força do forte fluirá na direção correta quando ele suportar o fraco, quando ele o apoiar, quando transmitir a ele um pouco de sua energia, de sua confiança e de sua capacidade. Então, o fraco também sentirá prazer com o trabalho. Neste caso, ele trabalhará em seu âmbito da melhor maneira possível. E poderá alegrar-se com aquilo que surgir a partir do trabalho conjunto dos fortes e dos fracos. Com o tempo isto conduzirá à prosperidade da comunidade. Nós devemos distinguir em nós mesmos o que há de forte e o que há de fraco e nos reconciliarmos com os dois opostos. Se, ao contrário, só virmos em nós mesmos apenas o lado forte, dissociaremos o lado fraco. Aquilo que foi dissociado é projetado nos outros. E com isto criamos a desagregação em torno de nós. Eu conheço gestores que conseguem em pouquíssimo tempo desagregar seus departamentos em todos os lugares em que atuam. Porque eles mesmos estão dissociados, só podem causar desagregação. Alguns deles julgam que isto seria liderança. Pois, por meio da desagregação tornou-se claro quem é forte e quem é fraco, quem trabalha para o líder e quem é crítico. Entretanto, esta desagregação é para Bento o contrário de liderança. Liderar significa levar todos em conta, transmitir a todos a alegria de estarem uns com os outros e de trabalharem juntos, fazer com que todos se sintam valiosos e necessários.

Se uma empresa conserva apenas aqueles que têm um bom desempenho e demite os fracos, é possível que a curto prazo isto até leve ao sucesso. No entanto, esta medida produz um clima de medo, sob o qual ninguém pode ser fraco. Todo aquele que é forte também possui fraquezas. Qualquer um pode, em alguma ocasião, ficar depressivo; pode ter uma crise, se seu casamento começa a balançar; se ficar doente; se seus filhos lhe derem preocupações. Em uma empresa na qual os fracos são postos para fora do ringue, todos convivem com o medo de serem os próximos. O medo de ser o próximo a não conseguir satisfazer as exigências paralisa os colaboradores e os aparta de suas forças reais. Eu só poderei mostrar uma força verdadeira se eu também me permitir ser fraco. Por este motivo, o líder tem como tarefa levar consigo também os colaboradores que não correspondem às expectativas. Isto não significa que devamos simplesmente aceitá-los do jeito que são. Eles devem ser desafiados. No entanto, como diz Bento, eles não devem ser desencorajados. Aquele que trabalha junto também tem o direito de ser levado junto. Em uma atmosfera assim, também aqueles que são chamados "fracos" podem agregar suas forças. E muitas vezes são justamente eles que levam uma empresa à prosperidade.

6
O cuidado consigo mesmo

O líder não deve apenas cuidar da equipe e de cada um dos colaboradores, tanto dos fracos quanto dos fortes, mas também de si mesmo. Somente desta maneira ele também poderá ser justo com os outros. Desta forma, é assim que Bento encerra o capítulo sobre o celeireiro:

> Se a comunidade for numerosa, sejam-lhe dados auxiliares com a ajuda dos quais cumpra, com o espírito em paz, o ofício que lhe foi confiado (RB 31,17).

Distribuir forças

Aquele que assume responsabilidade sobre outros precisa também lidar de maneira responsável com suas próprias forças. Se ele exigir demais de si mesmo todo o tempo, também não ajudará de fato à comunidade. Pois então, inconscientemente, ele também exigirá mais da comunidade do que ela estará em condições de dar. Se eu me exaurir pela comunidade, de modo inconsciente também associarei a isto reivindicações como, por exemplo, a expectativa de que os outros devam agradecer-me por isto ou que deveriam engajar-se da mesma maneira. Se a comunidade não corresponder a estas expectativas isto fará de mim uma pessoa amargurada. Usarei o meu trabalho para exercer uma censura constante e provocar sentimentos de culpa nos outros funcionários. Com isto, porém, não servirei realmente à coletividade. Os sentimentos de culpa deprimem e criam uma atmosfera paralisante. Volta e meia deparo-me com líderes que trabalham demais, sem levar em consideração a própria saúde. No entanto, são muito sensíveis a quaisquer críticas e reagem a elas de modo brusco: "Em primeiro lugar, os outros deveriam trabalhar tanto quanto eu para poderem também dizer alguma coisa". O que se percebe é que eles não trabalham a partir de um contentamento interior, mas sim que se escondem atrás do trabalho para se tornarem inatacáveis. Um líder a quem não podemos criticar não é nenhum guia. Ele não segue à frente, mas antes se esconde por detrás do muro de seu trabalho e de sua sensibilidade.

Sem obsessão pelo trabalho

Trabalhar demais nem sempre é uma virtude. Também pode ser expressão de obsessão pelo trabalho. Muitos gestores são obcecados pelo trabalho. Aquele que vê a si mesmo como uma simples máquina de produtividade será movido por muitas pressões. Em algum momento, o caráter obsessivo de seu trabalho se tornará visível. Talvez sucumba à dependência do álcool ou de drogas, ou se esgote completamente. A pessoa que é obcecada pelo trabalho precisa reprimir muita coisa. Seus anseios de vida e de amor são desterrados para a sombra. Sua humanidade é dissociada. Na empresa é um funcionário inflexível e somente em casa se permite ser um pouco humano. Passarão a existir então duas personalidades, que aparentemente não têm nada a ver uma com a outra – como Dr. Jekyll e Mr. Hyde do conhecido romance de Stevenson. Durante o dia o Dr. Jekyll é um cientista simpático. Porém à noite transforma-se no violento Mr. Hyde. Quanto mais uma pessoa se dedicar unilateralmente ao trabalho em sua empresa, mais perigoso tornar-se-á seu lado sombrio reprimido. Ela não poderá nem mesmo perceber que por detrás de sua pretensa virtude esconde-se uma quantidade muito grande de agressividade destrutiva. Esta agressão pode manifestar-se em seu lar, contra sua família; mas, muitas vezes intromete-se também em seu trabalho, de forma que o trabalho desta pessoa já não mais constrói, mas destrói.

A serenidade da alma

O celeireiro deve ter um número suficiente de colaboradores para que possa realizar sua tarefa sem perder a serenidade da alma. Em latim fala-se aqui de *solacia*, de consoladores que o apóiem, que o confortem diante da quantidade de trabalho que lhe cabe. A palavra latina para consolo significa que ninguém deve ser deixado sozinho em sua necessidade. O celeireiro não deve depender apenas de si mesmo. Ele deve ter colaboradores que o ajudem a carregar a responsabilidade, com os quais ele possa conversar sobre como o futuro econômico do mosteiro deverá ser assegurado. Bento tem aqui diante do olhar a visão de uma equipe, na qual todos se apoiam mutuamente. Ele não pensa em decisões "solitárias" do celereiro, mas sim em um trabalho conjunto de busca de soluções que sejam boas para todos. A ajuda desta equipe deve possibilitar-lhe realizar o seu trabalho *aequo animo* (= com o espírito em paz). Este conceito tem sua origem na filosofia estoica e significa que o homem deva viver sereno e livre de paixões e desejos. Ele não deve ser perturbado por emoções violentas, mas sim manter a calma interior em todas as situações. Para os filósofos que se reuniam na Stoa, este constitui um ideal elevado, que o ser humano deveria alcançar em todas as situações de vida. No entanto, Bento sabe que para a serenidade e a tranquilidade não só a maturidade da personalidade é decisiva, mas também as circunstâncias exteriores. Ele não deseja exigir demais do celeireiro. Por meio dos auxiliares, Bento deseja criar-lhe condições de trabalho, nas quais ele possa realizar a sua tarefa com tranquilidade e paz interior. Somente assim ele também poderá disseminar a paz na comunidade.

Com as palavras *aequo animo* torna-se claro que Bento lida bem com o celeireiro e com todos que possuem responsabilidades. Embora incentive continuamente o celeireiro e o abade a assumirem suas responsabilidades, Bento não deseja sobrecarregá-los. O celeireiro deve poder trabalhar com toda tranquilidade e determinação. Bento sabe que um celeireiro inquieto não é útil a ninguém, que ele espalhará em torno de si agitação e inquietação. Só será possível a ele criar em torno de si uma atmosfera de tranquilidade e de paz quando trabalhar tranquilo e com paz interior. Aquele que tem a função de liderar deve manter seus pólos opostos – amor e agressão, disciplina e falta de disciplina, trabalho e lazer, determinação e suavidade – em equilíbrio. Pois desta forma se criará então em torno dele uma atmosfera equilibrada, na qual os colaboradores poderão vivenciar suas próprias oposições, sem que seja preciso forçar um destes pólos a habitar o lado sombrio de suas personalidades. Aquele que não está em equilíbrio, aquele que vive em apenas um destes polos, espalha em torno de si uma sombra profunda, que envolve os funcionários e os deixa na escuridão.

Pureza de coração

Para atingir a paz interior o líder precisa trilhar o caminho espiritual. Para os filósofos da Stoa, só é possível alcançar a serenidade quando sabemos lidar bem com os nossos afetos, quando apaziguamos nossas paixões interiores. A palavra grega que traduz *aequo animo* é *euthymein* e significa na verdade ter um bom ânimo, estar bem com a sua natureza, sentir-se bem em sua dimensão emocional. Aquele que é sereno lida bem com suas emoções. Ele as permite, ele as sente, porém não se deixa comandar por elas. Para os monges, este é o estado de *apatheia* (falta de paixões, apatia) ou da *puritas cordis* (pureza de coração), que se assemelha à serenidade dos estoicos. Evágrio Pôntico descreveu com detalhes a luta pela *apatheia*. O monge precisa tornar-se consciente de suas paixões, ele precisa usar a energia que traz dentro de si para chegar até Deus. Então ele atingirá um estado de paz interior, no qual suas paixões não mais comandarão suas ações, mas sim serão aplacadas e lhe serão úteis. Para Cassian, a quem Bento sempre recorre, este é o estado de pureza de coração, de integridade interior, no qual nossos objetivos não são mais contaminados com segundas intenções, no qual agimos por amor puro, no qual nos tornamos permeáveis a Deus. Por este motivo, Bento coloca como premissa para alcançar a pureza de coração e com ela dirigir sua paz interior à comunidade que o celeireiro percorra o caminho espiritual de modo consequente. Ele não pode perder seu equilíbrio por meio dos conflitos diários de seus colaboradores. Apenas desta forma é possível acalmar outra vez a confusão de emoções que sempre surge quando se trabalha em conjunto. Sem esta serenidade interior, ele seria o causador do caos e não o solucionador de problemas.

O espaço interior do silêncio

Conforme descreve Evágrio Pôntico, a contemplação é um caminho para alcançar a paz interior. Na contemplação, o monge atinge o espaço em interior do silêncio, o espaço de Deus, o espaço em que o próprio Deus habita em nós. As turbulências que vêm do exterior e as turbulências interiores não têm nenhum acesso a este espaço. Por este motivo, pela manhã, durante a meditação, é para mim muito importante imaginar que a prece dirigida a Jesus me conduz a este espaço interior de silêncio, no qual a Santíssima Trindade reside em mim com sua misericórdia e amor. Lá, neste espaço interior de silêncio, as pessoas com suas expectativas não podem me alcançar. Lá, os conflitos e desentendimentos me deixam em paz. Lá, eu não posso ser ferido. Lá, eu vivencio uma boa distância de tudo que acontece em torno de mim. Neste espaço, eu estou livre do poder das pessoas, do poder de suas expectativas, de suas reivindicações, de seus julgamentos e condenações. Só me é possível reagir aos conflitos cotidianos com tranquilidade e paz interior quando me encontro neste espaço interno. Se eu, ao contrário, me deixar envolver demais pelos conflitos, não poderei entendê-los e reagir a eles da maneira adequada. Eu tomarei partido em minhas decisões. Entretanto, se eu, por meio da meditação diária, entrar em contato com o meu centro, terei a sensação de que em mim existe um espaço que permanece intocado pelas desavenças diárias, um espaço que não é deste mundo e que por este motivo não pode ser determinado pelos negócios mundanos. A ligação com este espaço interior me dá paz, tranquilidade e uma distância saudável a partir da qual eu posso reagir com objetividade. Quando me deixo determinar pelos conflitos, com muita rapidez sinto-me paralisado e extenuado. Eu tenho a sensação de lutar contra moinhos de vento. Nem bem um conflito acaba, outro se inicia. No entanto, se eu estou em contato com meu espaço interior, sinto-me livre para reagir, sem que isto me fatigue. Pois eu tomo uma saudável distância das coisas. Em mim existe algo que permanece intocado por elas. Eu próprio sinto que a tarefa de liderar só é bem-sucedida quando trilho meu caminho espiritual de modo consequente e quando eu, mesmo durante o trabalho, estou em contato com meu espaço interior. Apenas poderei disseminar a paz em torno de mim a partir de minha paz interior. E quando estou em contato com este espaço de silêncio não me deixo perturbar tão facilmente. Pois eu sinto que deste espaço jorra uma fonte que não se esgota nunca porque vem de Deus. Sempre posso beber desta fonte sem que ela se esgote. As pessoas extenuadas demonstram que trabalham com suas próprias forças e não com a força da fonte divina que jorra em seu interior.

7
O objetivo da liderança
A cultura organizacional espiritual

No último parágrafo do capítulo sobre o celeireiro, Bento nos dá o objetivo da liderança. É bastante diferente daquele que é transmitido nos seminários sobre este tema. Todavia, talvez as palavras de Bento sejam também em nossos tempos estimulantes. Está escrito:

> Às horas convenientes seja dado o que deve ser dado e pedido o que deve ser pedido, para que ninguém se perturbe nem se entristeça na casa de Deus (RB 31,18-19).

O tempo certo

O primeiro objetivo da liderança é criar na empresa um atmosfera de transparência e de confiança. Bento fala de *horis competentibus*, das horas convenientes, do tempo certo em que se deve dar, e em que se deve exigir. *Competere* significa na verdade: "procurar alcançar alguma coisa em conjunto, chegar junto, ajustar-se, ser moderado". O objetivo da liderança é o de que os colaboradores procurem em conjunto um objetivo, que ninguém lute apenas por si mesmo, mas sim que todos convivam lado a lado. Mas este convívio não deve limitar-se apenas às pessoas, deve estender-se também às relações entre as pessoas e o tempo, e finalmente também entre a pessoa e a natureza. As pessoas e o tempo devem chegar juntos, devem condizer umas com o outro. Quando a pessoa faz tudo no tempo certo, isto faz bem a si mesma. O tempo certo em que alguém recebe o que precisa e no qual pode exigir o que é necessário cria um clima de clareza e tranquilidade na empresa. Quando tudo acontece no momento certo, a pessoa se sente levada a sério. Quando tudo tem a sua ordem, a pessoa também se ordena interiormente. Para os gregos, as deusas Horas acompanham o ano e lhe trazem fertilidade. Para Hesíodo, as três Horas "a Disciplina, a Justiça e a Paz" são filhas de Zeus. Bento se coloca ainda mais uma vez na tradição da cultura grega, para a qual a hora certa não era apenas uma questão de pontualidade e de disciplina. A cultura grega tem muito mais intuição para os segredos do momento certo, aquele que ordena os seres humanos interiormente, aquele que dá ao ser humano o ritmo certo. E, a longo prazo, o ser humano somente poderá ser produtivo quando corresponder ao seu ritmo interior (fala-se hoje de biorritmo). O ser humano não deve trabalhar contra a sua natureza e contra o seu ritmo. Senão ele se aniquilará. O tempo e os seres humanos devem caminhar juntos para que seja possível realizar um trabalho lógico e efetivo. Se o ser humano precisar trabalhar segundo o relógio de ponto e reprimir seu relógio interior, estará em breve extenuado. Isto foi redescoberto por muitas empresas ao implantarem o horário flexível.

A atmosfera de trabalho

O verdadeiro objetivo da liderança é dado por Bento na frase "que ninguém se perturbe nem se entristeça na casa de Deus (= *ut nemo perturbetur neque constristetur in domo Dei*). Este é um objetivo bastante diferente da maximização do lucro. Bento trata do ser humano e de sua cura, de sua saúde e de seu bem-estar; em outras palavras, de Deus. A liderança deve facilitar que nenhum colaborador seja impelido à confusão ou à intranquilidade, que seja ferido ou perturbado (= *pertubetur*). A liderança não deve difundir a intranquilidade e a agitação, mas sim a paz e a clareza, a tranquilidade e o prazer de trabalhar. Aquele que incita um outro à agitação o fere e o odeia. O líder não deve odiar seus colaboradores, mas sim amá-los. Uma maneira de expressar este amor é não inquietá-los, mas criar para eles uma atmosfera de trabalho tranquila e agradável, na qual eles possam trabalhar com prazer, com respeito e serenidade interior. Em algumas empresas, a clareza é substituída por um dinamismo inquietante. Nestas empresas, a cada semana são anunciadas novas medidas e a cada ano tudo é reestruturado. Afinal, as pessoas querem estar na ponta dos novos movimentos. Porém muitas vezes este dinamismo encobre apenas o fato de que o objetivo foi perdido. Isto já havia sido reconhecido por Mark Twain ao escrever: "Quando eles perdem de vista seu objetivo, duplicam seus esforços". Os monges devem sempre ter seus objetivos claramente diante dos olhos. Então trabalharão de forma consequente e com paz interior.

Ninguém deve ser atormentado ou ferido pela liderança, ninguém deve ser impelido à tristeza. A tristeza apenas entorpece os colaboradores. Em algumas empresas, tem-se a impressão de que, por detrás de toda a movimentação, existe uma tristeza profunda que não deixa surgir nenhum contentamento com o trabalho. Se analisarmos esta tristeza bem meticulosamente veremos que, na maioria das vezes, a sua causa é o desrespeito ao indivíduo. Se as pessoas forem continuadamente feridas e não puderem defender-se contra isto, reagirão retirando-se para a tristeza, para a depressão. A reação normal aos ferimentos e às ofensas provocados por aquele que é o líder é a de que nos vinguemos dele, que trabalhemos contra ele. Cada um fere o outro. Porém nenhum deles fala sobre isso. As feridas não são vistas nem analisadas; ao contrário, continuam simplesmente a se propagarem. Todavia, isto estraga a atmosfera da empresa. Em muitas empresas sente-se de imediato o tipo de atmosfera que nelas impera. É como se sentíssemos literalmente o seu cheiro ao atravessar seus portões, ao adentrar em suas dependências. Em umas, a atmosfera enleva. E em outras, a atmosfera sufoca. Sentimo-nos imediatamente nauseados. Neste tipo de empresa, uma tristeza profunda entorpece os colaboradores. E o prédio inteiro é marcado por um sentimento de vazio e de falta de sentido. Para Bento, é muito importante que ninguém seja ferido e que caia na tristeza. O líder deve difundir uma atmosfera de paz e de contentamento interior. No entanto, não lhe será possível conseguir isto por meio de lemas de perseverança ou por meio de chavões, como os que foram muito comuns no Terceiro Reich: "Força através da alegria", etc. O líder só poderá transmitir verdadeira disposição para o trabalho quando, nos encontros e na maneira de liderar, transmitir aos colaboradores estima e respeito, quando ele mesmo não se deixar entorpecer pelos problemas, mas solucionar os conflitos a partir de sua serenidade e confiança interiores.

A casa de Deus

A liderança não deve perturbar nem angustiar, mas sim erigir e construir. Ela precisa erguer a casa de Deus, na qual todos procuram juntos por Deus. Desta forma, a liderança tem uma tarefa espiritual. Ela deve criar uma atmosfera na qual Deus seja descoberto. Se durante as oito horas em que trabalham, os monges dificultarem mutuamente a vida uns dos outros e, se em vez de trabalharem uns com os outros, trabalharem uns contra os outros, as três horas de orações, que fazem em conjunto, de nada lhes servirão em sua busca de Deus. Eles se bloquearão de tal maneira por meio do trabalho que serão incapazes de se voltarem totalmente para Deus durante a oração. A condução correta das áreas de trabalho, a transparência do fluxo de informações e uma atmosfera na qual cada indivíduo se sinta estimado e levado a sério, criam as condições para uma busca intensa de Deus e para uma prece verdadeira. Apenas se o líder estiver em contato com a casa de Deus, que existe em seu próprio interior, também lhe será possível construí-la fora de si mesmo, uma casa na qual tudo – a ordem clara, o tempo certo e o clima de respeito e estima – anuncia a presença de Deus.

Quando se diz que, com a sua tarefa de liderar, o líder deve erigir a casa de Deus, este objetivo parece ser muito religioso para as lideranças empresariais. No entanto, seria possível traduzir a imagem da casa de Deus em nosso mundo da seguinte maneira: criar uma cultura empresarial, na qual resplandeça uma intuição do que é transcendente, em que haja um objetivo maior do que a simples maximização do lucro. Se uma empresa tiver de refletir alguma coisa da casa de Deus, isto significa que tudo tenha sua ordem, que a natureza seja vista e respeitada como criação e que o ser humano em sua dignidade seja reconhecido como uma criatura de Deus. Se, em uma empresa, o ser humano é respeitado como ser humano e não simplesmente classificado como funcionário ou como suporte para a produção, torna-se visível que nesta empresa imperam padrões diferentes de produtividade e de uso. Falar na casa de Deus não significa dizer que todos os colaboradores sejam religiosos e que meditem juntos, ou que demonstrem sua fé em Deus, mas sim que tudo tenha o seu valor certo, que a natureza seja bem tratada e que o ser humano possa ser realmente um ser humano.

Hoje em dia, para os bons funcionários, ganhar muito dinheiro já não é o suficiente. Eles exigem também uma cultura organizacional que seja convincente. A casa de Deus seria uma bonita metáfora para uma cultura organizacional que hoje também pudesse atrair colaboradores motivados. Nesta casa todas as coisas são vistas como se fossem utensílios sacros do altar, lá se tem um senso para as pequenas coisas. Lá os cômodos são decorados com bom gosto. As flores anunciam a beleza da criação. O colaborador é apreciado em sua individualidade. As pessoas não levam apenas os próprios interesses profissionais em consideração. Nesta casa também são tratadas questões que vão além dos horizontes limitados dos negócios. Lá há espaço para cultura, para conversas filosóficas. Lá o sentido da vida é questionado. Ninguém é obrigado a confessar sua crença religiosa, porém na maneira com que cada um trata um ao outro torna-se visível que a crença em Deus é o verdadeiro fundamento das ações e dos comportamentos. Lá fica claro que a "casa de Deus" não termina nos portões da empresa, mas sim que, com a cultura organizacional e espiritual, deseja-se também influenciar a sociedade de maneira positiva, que se assume também a responsabilidade pelo todo, que é a casa da natureza.

É interessante verificar que a expressão beneditina "Casa de Deus" volte hoje a surgir no discurso de um consultor norte-americano. Lance Secretan diz que os líderes devem criar um "santuário". Com isto ele imagina um espaço em que a alma seja presenteada com asas, uma cultura organizacional criativa, uma empresa em que a atmosfera seja impregnada pela "espontaneidade, pela dinâmica, pela alegria e pelo humor; pela libertação do medo de falhar, pela motivação, pelo bem-estar mútuo e por maneiras educadas de tratamento pessoal" (SECRETAN: 262). O santuário é "menos um lugar do que um estado espiritual no qual se possibilita o desabrochar da alma" (p. 61). Um "santuário" é "dirigido e habitado por pessoas que se atreveram à ruptura e que foram libertadas pelo espírito" (p. 61). No santuário não se coloca em primeiro lugar o ganho, mas a pessoa. Lá não se trabalha com o controle, mas se coloca em questionamento questões decisivas que mobilizam o coração humano. Lá não se prega a concorrência, mas a união de todas as pessoas entre si e a união do ser humano com a natureza. Secretan coloca o conceito de "santuário" em oposição às empresas mecanicistas, que trabalham como uma máquina e que não têm nenhuma consideração pela alma humana. Este tipo de empresa gera apenas frustração, rigidez, vazio, desinteresse e tristeza.

A atmosfera criada por uma empresa não afeta apenas a cultura organizacional interna, mas produz efeitos também no exterior. Por este motivo, toda empresa tem responsabilidades perante a sociedade.

A economia é a força mais poderosa de um país. No entanto, ela cria a maioria dos problemas, não só, por exemplo, para o meio ambiente, mas também para o clima na sociedade. Se ela se preocupasse em criar um clima organizacional mais humano, poderia dar uma importante contribuição para a cura da sociedade. Não foi à toa que a atmosfera de funcionamento interno dos mosteiros beneditinos cunhou a sociedade da Idade Média e exerceu um efeito salutar sobre todo o ambiente. A empresa que pensa somente em si mesma, que se orienta apenas em função do aumento do faturamento, também gera na sociedade falta de consideração e pensamentos puramente voltados apenas para o proveito. Se uma empresa abandonar este universo de pensamento sem imaginação e criar uma cultura organizacional humanizante, construirá um "santuário", uma casa de Deus, e isto terá efeito positivo sobre a sociedade. Não se tratará mais de meros "jogos de soma zero", nos quais um jogador sempre ganha e o outro perde; começará a existir então uma mutualidade em que todos ganham e todos se sentem respeitados como pessoas. Secretan diz: "A economia tem muito mais a contribuir para a disseminação da cultura e dos valores ideais sobre a Terra do que as igrejas e os governos. Com valores que são moldados pelo espírito, a empresa moderna está verdadeiramente em condições de modificar o mundo" (SECRETAN: 64). No entanto, nos dias atuais, muitas empresas não estão conscientes de sua responsabilidade pela sociedade. Elas giram apenas em torno de si mesmas. Na minha opinião, a liderança significa que eu veja além das fronteiras limitadas de minha empresa e me pergunte que tipo de efeito a cultura organizacional e o tipo de administração terão sobre a sociedade. Por meio de uma cultura cristã de convivência, uma empresa pode realizar um discurso muito mais efetivo do que por meio de preceitos devotos, que não correspondem à realidade do convívio cotidiano.

Visão

Uma boa cultura organizacional é moldada por uma visão. Ela precisa ver além dos limites da empresa e ter uma visão da comunidade, do trabalho conjunto, do sentido e do objetivo da convivência. Aquele que se posiciona apenas em relação aos problemas diários não pode substancialmente motivar e modificar nada. Para colocar alguma coisa em movimento neste mundo é necessário que exista uma visão. Uma visão motiva, desperta novas forças nos colaboradores. Ela lhes dá a sensação de colaborarem em uma tarefa importante, de prestarem uma contribuição decisiva para a humanização deste mundo. Uma visão produz comunhão. Ela mantém as diversas características e aptidões unidas e dá aos colaboradores uma orientação para suas ações. A visão tem de ser cunhada por valores éticos e religiosos. Pois, de outra maneira, não levaria em conta a humanidade. Para os colaboradores de uma empresa, a visão precisa ter um modelo e precisa ser traduzida para a convivência concreta e para o trabalho. É necessário que sejam convencionados objetivos concretos que contribuam para a realização da visão. "Aquele que não conhece a meta não encontrará o caminho" (Chr. Morgenstern). Uma empresa que trabalha sem ter uma visão pode ser talvez temporariamente bem-sucedida. Porém, terá problemas dentro de pouco tempo. Aquele que inspira seus colaboradores com uma visão convincente, aquele que cria um "santuário", no qual a alma possa criar asas, também sempre abordará as necessidades das pessoas e florescerá economicamente.

Segundo Secretan, para que seja possível erigir um "santuário" é preciso antes que sejam colocadas as questões certas. Para isto, o consultor empresarial lança mão de conceitos, que poderiam de modo semelhante fazer parte da Regra de São Bento. Secretan fala da amabilidade e da dedicação como valores decisivos que devem ser incorporados pelo líder. O líder deveria perguntar-se: "Aquilo que eu faço é bom para as pessoas? É verdadeiro? Leva em consideração a alma? É corajoso? Tem delicadeza? Respeita de modo igualitário as energias femininas e as masculinas? Preenche as necessidades da personalidade e da alma das outras pessoas? Estou emitindo uma energia positiva? Estou respeitando a 'santidade' das pessoas e das coisas?" (SECRETAN: 338). O "santuário", a casa de Deus, não deve ser moldado pelo medo, mas sim pelo amor. Por este motivo, as questões mais importantes que um líder deve colocar-se são: "Eu incentivo a que haja mais amor ou crio o medo? O meu trabalho enche os outros de alegria ou provoca inimizade e concorrência? Sou o vencedor, sem que para isto um outro precise perder?" (p. 339). Hoje em dia, para muitos gestores, estas questões são totalmente estranhas. Porém, no futuro, dependeremos destes questionamentos. Ao ler estas perguntas, senti a confirmação de minhas próprias ideias. Para mim, tornou-se claro que os fundamentos beneditinos de liderança são hoje tão atuais como há 1.500 anos e que podem contribuir nos tempos atuais para a melhoria de nossa sociedade da mesma forma que o fizeram durante toda a Idade Média.

Epílogo

Alguns leitores sentirão falta neste livro de conselhos práticos para as relações de liderança. Porém, livros com exercícios práticos de como conduzir uma conversa de repreensão ou de motivação, de como atingir o perfil de um cargo e de como nós podemos reformar uma empresa, transformando-a em uma empresa de ponta, existem muitos. Existem técnicos empresariais competentes que transmitem sua experiência aos colegas. Eu não desejo concorrer com todos estes técnicos. Eu me limitei conscientemente às regras de São Bento e na verdade apenas a um único capítulo – ao capítulo sobre o celeireiro – muito embora alguns fundamentos do capítulo sobre o abade também tenham sido citados. No entanto, espero que a reflexão sobre estes poucos versículos possa auxiliar aqueles que em algum lugar, em suas áreas, exercem liderança e conduzem pessoas. O desafio destes parágrafos é em primeiro lugar começar consigo mesmo, confrontar-se com as próprias paixões, reconhecer seu lado sombrio e integrá-lo, ensaiar novos comportamentos e chegar à paz consigo mesmo. E o desafio consiste em trilhar um caminho espiritual, descobrir em si mesmo, por meio da oração e da meditação, um espaço interior do qual possa emanar a paz também para o ambiente ao redor. Somente a partir dessas condições é que podemos dedicar-nos à tarefa concreta da liderança.

O lema beneditino *Ora et Labora* (= Ore e trabalhe) quer dizer que a tarefa tão aparentemente mundana da liderança tem uma dimensão espiritual. Sim, a própria liderança é uma tarefa espiritual. Com isto entendo que a espiritualidade é, de um lado, um caminho espiritual, no qual por meio da oração e da meditação concedo a Deus cada vez mais espaço em meu interior. Mas é também o rastro da vida. Bento determina que o monge procure por Deus durante toda a sua vida. A procura por Deus é ao mesmo tempo a procura por uma vida maior. Deus é a vida por excelência. Onde quer que a vida floresça, Deus também estará lá. Por este motivo, a espiritualidade também significa, por outro lado, criatividade e imaginação, vitalidade e prazer de viver. A palavra espiritualidade vem de *spiritus*, de "espírito", "Espírito Santo". E o Espírito Santo é o doador da vida, o espírito criativo, que cria o novo em nós, que nos põe em movimento, que nos inspira e nos dá asas. Por este motivo, a liderança como tarefa espiritual é afinal a capacidade de se deixar inspirar pelo Espírito Santo e chegar de forma criativa à solução dos problemas. E liderança significa despertar nas pessoas a vida que lhes foi dada por Deus, levar à re-

velação das possibilidades e capacidades que recebe-
ram de Deus. Aquele que lidera desta maneira serve
verdadeiramente às pessoas. E, como Bento, ele também poderá dizer: "Quem tiver administrado bem terá
adquirido para si um bom lugar" (RB 31,8). Liderar
é uma arte que exige muito da pessoa, mas também
uma arte que pode trazer alegrias. Pois não existe
nada mais bonito do que servir à vida e despertar vida nas pessoas. Os pensamentos deste livro desejam
transmitir ao leitor a vontade de liderar, para que possa
despertar a vida onde quer que esteja, onde lidere ou
seja liderado, para que, onde ele viva, o despertar e a
ressurreição sejam possíveis.

Referências

BENEDIKTSREGEL Die. *Eine Anleitung zum christlichen Leben.* . Einsiedeln, 1982. [Trad. e interp. de Georg Holzherr].

DEMMER Klaus. Gerechtigkeit. *In: LexSpir*, 501s.

GRÜN Anselm. *Die Erzieherweisheit Sankt Benedikts.* Palestra para o dia dos professores em 11/07/1980, em Müsterschwarzach.

KIRCHNER Baldur. *Benedikt für Manager.* Wiesbaden: [s.e.], 1994.

KÜNG Hans. *Weltethos für Weltpolitik und Weltwirtschaft.* Munique: [s.e.], 1997.

O'NEIL John R. Die dunkle Seite des Erfolgs. In: *Die Schattenseite der Seele.* Munique: [s.e.]; 1997, p. 118-120.

ABRAMS, Jeremiah & ZWEIG, Connie (orgs.).

NOPPENEY Dr. Hans G. *Führungsqualitäten 2000.* Conferência sobre forças de liderança em 13/06/1995.

REUTER Edzard. *Schein und Wirklichkeit* – Erinnerungen. Berlim: [s.e.], 1998.

SCHÜRMEYER Fritz. *Management-Training* – Persönlichkeits-Entwicklung. Organisations-Entwicklung. Wehrheim. O.J.

SECRETAN Lance H.K. *Soul-Management* – Der neue Geist des Erfolgs. Unternehmenskultur der Zukunft. Munique: [s.e.], 1997.